insel taschenbuch 3413
Prag

AF203028

Blick über die Karlsbrücke zum Hradschin

Prag – die goldene Stadt an der Moldau. Seit je wurde hier Geschichte geschrieben. Sei es der Prager Fenstersturz als Auslöser des Dreißigjährigen Krieges oder die bewegende Rede des bundesdeutschen Außenministers Genscher im September 1989, die Tausenden DDR-Bürgern die Ausreise in die BRD ermöglichte. Doch in den Gassen entlang des Altstädter Rings gibt es noch einiges mehr zu entdecken als Prager Burg und Karlsbrücke. Wolfgang Dömling führt den Leser auf ausgewählten Spaziergängen vorbei an prachtvollen Palais und Kirchen zu beschaulichen und denkwürdigen Orten, stets auf den Spuren großer Autoren wie Franz Kafka, Bohumil Hrabal, Rainer Maria Rilke und vielen anderen mehr.

PRAG

Literarische Spaziergänge

Von Wolfgang Dömling
Mit zahlreichen farbigen Abbildungen
und Stadtplänen
Insel Verlag

Dem Andenken Vladimir Karbusickys

insel taschenbuch 3413
Erste Auflage 2011
© Insel Verlag Berlin 2011
Textnachweise am Schluß des Bandes
Vertrieb durch den Suhrkamp Taschenbuch Verlag
Umschlag: Michael Hagemann
Vertrieb durch den Suhrkamp Taschenbuch Verlag
Satz: Hümmer GmbH, Waldbüttelbrunn
Druck: Druckhaus Nomos, Sinzheim
Printed in Germany
ISBN 978-3-458-35113-9

1 2 3 4 5 6 – 16 15 14 13 12 11

Inhalt

Altstädter Ring: Niklaskirche und Hus-Denkmal

Vorwort

Prag – *matka měst*, »Mutter der Städte«: reichlich stolz nannte es sich so zur spätmittelalterlichen Blütezeit unter Kaiser Karl IV.

Prag ist eine komplexe Stadt, verwirrend wechsel- und ereignisreich sind ihre Schicksale in der Geschichte. Viele Jahrhunderte hindurch war ihre Kultur, im Unterschied zu anderen alten europäischen Hauptstädten, geprägt von ihrer Zweisprachigkeit, die nach dem Zweiten Weltkrieg mit der Vertreibung der deutschen Bevölkerung erlosch.

Am 28. Oktober 1918, kurz bevor der Erste Weltkrieg zu Ende ging, wurde die Gründung der Tschechoslowakei ausgerufen; bis heute ist das der Nationalfeiertag. Die Staatsgründung war ein Triumph nicht nur über Habsburg-Österreich, auch über Ungarn, zu dessen Territorium die Slowakei (»Oberungarn« genannt) jahrhundertelang gehört hatte. Eine Genugtuung für Böhmen, das innerhalb der Monarchie zugunsten Ungarns benachteiligt worden war. Ungarn hatte 1867 den sogenannten »Ausgleich« erstritten, der auf eine Fast-Gleichberechtigung in der Reichsregierung hinauslief, die jetzt als »Doppelmonarchie« konstruiert war. Am Ende des Habsburgerreichs stellte nun Böhmen auf seine Weise einen Ausgleich her. Am 8. November 1918 wurde die Mariensäule auf dem Prager Altstädter Ring als Symbol der österreichisch-katholischen Herrschaft zerstört, und so blieb – und bleibt bis heute – der Platz dominiert von dem mächtigen Hus-Denkmal. Als stolzes Bekenntnis zur böhmischen Reformation war es 1915 errichtet worden, zum 500-Jahr-Gedenken der Tötung von Jan Hus auf dem Konstanzer Konzil. So demonstrierte der Platz jetzt, daß Prag eine tschechische Stadt war.

Das ist sie in der zweiten Hälfte des 19. Jahrhunderts in raschem Tempo geworden. Und dazu hatten ja, welch Ironie der Geschichte, vor allem die Deutschen und die seit der Jahrhundertmitte aus dem Ghetto entlassenen Juden beigetragen. Ihnen verdankte sich der lebhafte Aufschwung von Handel und Industrie, Böhmen wurde die wirtschaftlich führende Region des Habsburgerreichs. Dieser Aufschwung aber löste enorme Zuzugsbewegungen tschechischer Arbeiter und Handwerker in den Großraum Prag aus. Vor 1850 betrug der Anteil der Deutschen noch zwei Drittel in der Stadtbevölkerung; um 1900 lag ihr Anteil schon unter einem Zehntel; seit 1922 dann waren es noch weniger. »Groß-Prag« wurde per Gesetz zum 1. Januar 1922 geschaffen, bestehend aus den alten fünf Prager »Städten«, den fünf Vororten und nunmehr zahlreichen weiteren ehemaligen Stadt- und Dorfgemeinden – eine Metropole von etwa 700 000 Einwohnern, die sechstgrößte Stadt Europas.

Die sechziger Jahre des 19. Jahrhunderts wurden zum entscheidenden Jahrzehnt der tschechischen »Wiedergeburt«. Das sogenannte Wiener Oktober-Diplom von 1860, eine Folge der militärischen Niederlagen des Vorjahres, brachte eine Lockerung des absolutistischen Regimes. In Böhmen überstürzten sich daraufhin die Aktivitäten. 1861 verloren die Deutschen erstmals die Mehrheit im Prager Stadtparlament. Im selben Jahr wurde der tschechische Gesangsverein Hlahol (»Klang«) gegründet, und Bedřich Smetana kehrte von Göteborg wieder heim nach Prag und begann seinen Aufstieg als tschechischer Nationalkomponist. 1862 wurde der tschechische Turnerbund Sokol (»Falke«) gegründet – eine demokratisch-freiheitliche Organisation, die die Österreicher verboten (wie später die deutschen Okkupanten und dann die Kommunisten). Gleichfalls 1862 konnte das erste tschechische Theater eröffnet werden, und im Jahr darauf wurde die für alle tschechischen Künstleraktivitäten in Prag wichtige Umělecká beseda (»Kunstverein«) ins Leben gerufen. (Sie bestand bis 1973.) 1880 wurde in Böhmen die Doppelsprachigkeit der Justiz angeordnet, und neue Wahlmodalitäten führten eine tschechische Landesmehrheit herbei, die dann 1907 durch das allgemeine Wahlrecht noch verstärkt wurde. Die altehrwürdige Prager Universität teilte sich 1882 in eine deutsche und eine tschechische. 1891 entfernte man in Prag die meisten deutschen Straßenschilder. Seit Ende des 19. Jahrhunderts waren vor allem in Prag Streitigkeiten und tätliche Auseinandersetzungen – nicht zuletzt unter Studenten – zwischen Tschechen auf der einen, Deutschen und Juden auf der anderen Seite an der Tagesordnung.

Das spannungsgeladene Zusammenleben der Tschechen, Deutschen und Juden in Prag war offenbar schwieriger als bei vergleichbaren Situationen etwa in Rustschuk/Ruse, der Geburtsstadt Elias Canettis, oder in Czernowitz. Hierzu gibt es reichlich Zeugnisse. Egon Kisch etwa schreibt in seinen Lebenserinnerungen: »Mit der halben Million Tschechen der Stadt pflog der Deutsche keinen außergeschäftlichen Verkehr. Niemals zündete er sich mit einem Streichholz des Tschechischen Schulengründungs-Vereins seine Zigarre an, ebensowenig wie ein Tscheche die seinige mit einem Streichholz aus einem Schächtelchen des Deutschen Schulvereins. Kein Deutscher erschien jemals im tschechischen Bürgerclub, kein Tscheche im Deutschen Kasino.

Selbst die Instrumentalkonzerte waren einsprachig, einsprachig die Schwimmanstalten, die Parks, die Spielplätze, die meisten Restaurants, Kaffeehäuser und Geschäfte ...« Die deutschen und die tschechischen Künstler und Schriftsteller hatten jeweils ihre eigenen Kaffeehäuser – die deutschen vor allem das Café Arco nahe dem Staatsbahnhof und das Café Continental am Graben, die tschechischen das Café Slavia und die Unionka, beide in der Nähe des tschechischen Nationaltheaters. Die beiden Literatenkreise vermischten sich so gut wie nie, und zweisprachige Vermittler waren selten. Rudolf Fuchs, Willy Haas und vor allem der unermüdliche Max Brod gehören zu diesen Ausnahmen.

Als Detlev von Liliencron um die Jahrhundertwende von Prag als einem »Goldnetz von Gedichten« schwärmte, hätte er damit auch die tschechische Lyrik (wenn er sie überhaupt kannte) meinen können, die sich auf kontinuierlichen Wegen zu ihren Höhepunkten befand: Antonín Hora, Fráňa Šrámek, Josef Hora, František Halas, Jiří Wolker, schließlich Vladimír Holan, Vítězslav Nezval und der Nobelpreisträger Jaroslav Seifert.

Die Situation der Prager deutschen Literatur hingegen entwickelte sich weniger glanzvoll. Rilke hatte Prag bereits 1895 verlassen, einundzwanzigjährig; im selben Jugendalter ging 1912 der als genialisch umschwärmte Werfel. Gustav Meyer, genannt Meyrink, verließ Prag 1905, wenn auch vor allem aus geschäftlichen Gründen. Ein Jahrzehnt später schrieb er am idyllischen Starnberger See den *Golem*, bis heute ein Kultbuch für das sogenannte »magische Prag«. In der Ersten Republik verließen weitere Prager deutsche Schriftsteller die Stadt, so Egon Kisch, Willy Haas und andere, weniger berühmte. Gründe dafür lagen zum einen in antideutschen und antisemitischen Bewegungen von tschechischen Nationalisten, die trotz Masaryks weiser Staatsführung immer wieder für Unruhe sorgten. Zum andern war die steigende Attraktivität Berlins als deutsches kulturelles Zentrum nicht mehr zu übersehen. (Sogar Kafka siedelte noch im Herbst 1923, ein Dreivierteljahr vor seinem Tod, nach Berlin über, mußte freilich nach ein paar Monaten wieder heimkehren.) Nach 1933 fanden bedrohte deutsche und österreichische Schriftsteller in Prag für wenige Jahre Zuflucht, bis die deutsche Okkupation am 15. März 1939 das Ende der Prager deutschen literarischen Kultur – die ja ganz überwiegend eine jüdische Kultur war – besiegelte. Mit Kriegsschluß und der kommunistischen Machtübernahme 1948 folgte das Ende der Zweisprachigkeit überhaupt. Erst seit dem Fall des Eisernen Vorhangs, nach vierzig Jahren politischer Blockade, beginnt wieder eine gegenseitige Annäherung. Tschechische Literatur in deutscher Übersetzung stößt auf immer mehr Interesse (allerdings, naturgemäß, Prosa mehr als Lyrik), und Kafkas Werke erscheinen jetzt auf tschechisch.

Der vorliegende »Reisebegleiter« möchte beim Durchwandern der Prager Stadt- und Geschichtslandschaft etwas von diesem Reichtum lebendig werden lassen, und vor allem: zum Weiterlesen anregen – wieviel gibt es da zu entdecken! Ich möchte hier auch insbesondere auf einige neuere Anthologien tschechischer und deutsch-Prager Literatur hinweisen (Kundera, Sacher, Sudhoff/Schardt) und auf Jürgen Serkes große Sammelbiographie der Prager und böhmischen deutschen Schriftsteller.

Hinweise zur Aussprache des Tschechischen

Die Hauptbetonung liegt unabhängig von Wortlänge und Vokalqualität stets auf der ersten Silbe.

Vokale: a, e, i = y, o, u sind kurz und offen; á, é, í = ý, ó, ů (ú nur als Wortanfang) lang und meist offen (der Strich bzw. beim ů der Kringel ist also ein Längungs-, kein Betonungszeichen); Diphtonge (z. B. eu, ou) werden immer als hörbares Nacheinander der zwei Vokale ausgesprochen, ě wie dt. jä.

Konsonanten: die meisten ähnlich wie im Deutschen; h wie in *Heim* (und niemals als Dehnungszeichen), ch wie in *ach*; v wie dt. w (am Wortende wie f). Besonderheiten:

s	stimmloses s
z	stimmhaftes s
š	sch stimmlos (*Schule*)
ž	sch stimmhaft (*Garage*)
c	wie dt. z
č	wie dt. tsch
ď, ť, ň	etwa wie d + j, t + j, n + j
ř	der gefürchtete tschechische Speziallaut: gerolltes r und ž etwa gleichzeitig.

Die Konsonanten l und r können auch die Rolle von Vokalen einnehmen, also Silben- und Akzentträger sein: z. B. Vltava (Betonung auf l) = Moldau, zmrzlina (Betonung auf r) = Speiseeis.

Achtung: ck sind im Tschechischen zwei Laute (c + k), ebenso sch (s + ch).

Das Zusatzzeichen ˇ heißt auf tschechisch háček, die Diminutivform von hák (Haken), ein Häkchen also, und so sieht es ja auch aus.

Da in der tschechischen Schreibweise fast durchweg jeder Laut durch lediglich einen Buchstaben bezeichnet wird, hat sie sich als die geeignetste Latinica-Transliterationsschrift für die kyrillisch-slawischen Sprachen, vor allem für das Russische, eingebürgert.

Endlich noch eine tschechische Spezialität: die obligatorische weibliche Form von Familiennamen. Was nicht auf -ová endet oder wenigstens auf -á (dies vor allem bei Namen, die eigentlich Adjektive sind, wie etwa Veselý = Fröhlich, die weibliche Form lautet also Veselá), kann nie und nimmer der Name einer Frau sein. Auch bei nicht-tschechischen Namen gibts da kein Pardon: Olga Scheinpflugová, Anna Kareninová, Joan Sutherlandová, Brigitte Bardotová … (und immer die erste Silbe betonen!). Man mag sich noch damit abfinden, daß jemand Smetana (»Sahne«) heißt; etwas schwerer begreiflich für uns sind Namen wie Opravil (»Er hat repariert«), Vysloužil (»Er hat ausgedient«) oder Klestil (»Er hat beschnitten«) und gar erst Nejedlý (»Der Uneßbare«), nicht unpassend freilich für einen diktatorischen Parteifunktionär, wie Zdeněk Nejedlý einer war.

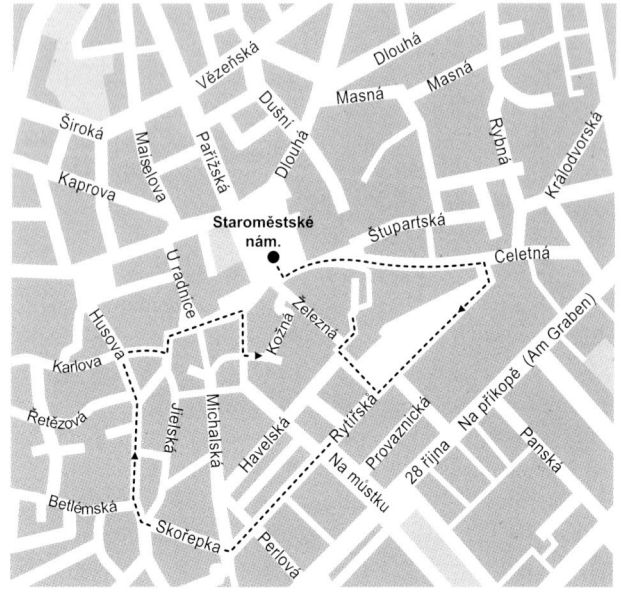

Erster Spaziergang:
Altstadt

Staroměstské náměstí [Altstädter Ring] − Celetná [Zeltnergasse] − Ovocný trh [Obstmarkt] − Železná [Eisengasse] − Kamzíkova [Gemsengäßchen] − Uhelný trh [Kohlenmarkt] − Husova − Melantrichova − Kožná [Ledergäßchen] − Staroměstské náměstí

Das Zentrum der Prager Bürgerstadt, der Altstädter Ring [Staroměstské náměstí], war immer wieder Schauplatz großer politischer Aktionen. Greifen wir nur drei markante Daten heraus: im Juni 1621, ein gutes halbes Jahr nach dem Sieg der Habsburger und der katholischen Liga in der Schlacht am Weißen Berg, wurden 27 widerständige Böhmen vor dem Rathaus hingerichtet; im »siegreichen Februar« 1948 hielt Klement Gottwald, Parteiführer und dann Staatspräsident, seine sogenannte »historische« Rede zum Putsch der Kommunisten; von derselben Stelle − dem Balkon des Kinský-Palais − rief Václav Havel im Februar 1990 die Nation zur demokratischen Erneuerung auf.

Auf diesem Platz sind die Spuren der großen Geschichte deutlich zu spüren. Die empfindlich störende Lücke zwischen Rathaus und Niklaskirche markiert den Verlust des großen Rathaus-Ostflügels, den die Deutschen noch am 8. Mai 1945 zusammenschossen − einen Tag vor dem Einmarsch der Roten Armee. Das ausladende Hus-Denkmal, von dem Rodin-Schüler Ladislav Šaloun 1915 geschaffen zum Fünfhundertjahr-Gedenken der Tötung von Jan Hus auf dem Konstanzer Konzil, war natürlich ein Politikum − selbstbewußtes Zeichen, daß Prag nun endgültig eine tschechische Stadt geworden war, und auch eine Opposition des tschechischen Reformators gegen das katholische Habsburg. Opposition auch wörtlich: schräg gegenüber auf dem Platz stand seit 1650 eine Mariensäule, und dieses Symbol der katholischen Unterdrückung ist dann zum Kriegsende, am 8. November 1918, von einer aufgebrachten Volksmenge in Stücke gehackt worden. Mit etwas Glück findet man auf dem jetzigen permanenten Touristenjahrmarkt die Stelle. Seit 1995 verkündet eine im Pflaster eingelassene Bronzeplakette mehrsprachig, daß hier die Mariensäule stand und wieder stehen werde. Geblieben jedenfalls ist Marias Herrschaft in der Teynkirche (katholisch natürlich, seinerzeit aber die Prager Hauptkirche der Hussiten): die vom Mittelgiebel der Fassade goldleuchtende Muttergottes im Strahlenkranz haben die Sieger von 1620 umgeschmolzen aus einer Statue des Jiří von Poděbrady – des letzten genuin böhmischen Königs, 1458 im Prager Rathaus gewählt – und einem großen goldenen Kelch, dem hussitischen Symbol.

Aus Poděbrady – etwa fünfzig Kilometer östlich von Prag – stammte Rudolf Fuchs, Sohn einer jüdisch-tschechischen Familie. Er war einer der wenigen Prager Schriftsteller, die sich aktiv, durch Übersetzungen insbesondere, um Vermittlung zwischen tschechischer und deutscher Literatur verdient gemacht haben. (Max Brod, Willy Haas, Johannes Urzidil sind in diesem Zusammenhang noch zu nennen. Fuchs schrieb selbst überwiegend auf deutsch.) Ein Jahr vor seinem Tod – in der kriegsverdunkelten Stadt überfuhr ihn ein Autobus – verfaßte Fuchs 1941 im Londoner Exil ein großes symbolisches Gedicht. Er verknüpft den Figurenzug der *Prager Aposteluhr* – der astronomischen Uhr an der Südseite des Rathauses – mit dem Lebenslauf, auch seinem eigenen. Das Gedicht schließt mit Melancholie und Trauer des Heimatlosen:

Der zwölfte – bin ich selbst? Erregten Sinns
betracht ich mich und staun, allein ich bin's.
So wie ein Maler aus der alten Zeit
im Haufen oft sich selber konterfeit,
ist's mir geschehn. So steh ich eben dort
und überblick vom Fenster aus den Ort
und find mich unten in der Menge stehn,
den Hals gereckt, um besser mich zu sehn,
wie ich als letzter meine Reihe führ.
Die Stunde wechselt, andre stehn dann hier.
Jetzt kräht der Hahn. Das Fenster ist verstellt …
Ich lebe fern, in einer fremden Welt.

Rudolf Fuchs erinnerte sich an Franz Kafka:

»Man konnte Kafka oft allein begegnen, in den Straßen, in den Gartenanlagen Prags. Er war nicht im geringsten alteriert, wenn man sich ihm zugesellte. Er vermied es gern, von sich zu sprechen, und war, wenn man erzählte, ganz Ohr. Selbst als ihn schon seine Krankheit quälte, behielt er seinen lächelnden Gesichtsausdruck. Es war etwas ägyptisch Rätselhaftes in seinem Ausdruck.

Er war immer diskussionsbereit, das heißt: bereit, sich zu verständigen, sei es auch mit wenigen, kurzen, oft hastigen Worten, sei es mit einem beredten Schweigen, das nicht mißzuverstehen war. Das Leben und Wirken seiner Freunde verfolgte er mit großer Aufmerksamkeit. Er war vieler Leute Freund, wiewohl er nur ganz wenigen gestattete, seine Freunde zu sein. Dankbar erinnere ich mich an Folgendes: Ich begegnete ihm in der Herrengasse. Tags vorher war ein Gedicht von mir im ›Tagblatt‹ erschienen. Es hieß ›Villa Milde Ruh‹. Er lobte es. Mir selbst wollte es nicht mehr ganz so gefallen. Es war älteren Datums. Ich

Altstädter Rathaus mit Astronomischer Uhr

wagte einen Zweifel an der Aufrichtigkeit seines Lobes aus-
zusprechen. Da zitierte Kafka das Gedicht auswendig.

Als sein erstes Buch ›Betrachtung‹ bei Wolff erschienen
war, sagte er mir: ›Elf Bücher wurden bei André abgesetzt.
Zehn habe ich selbst gekauft. Ich möchte nur wissen, wer
das elfte hat.‹ Dabei lächelte er vergnügt. Darüber, was er
schrieb und wie wichtig oder unwichtig es ihm war, erfuhr
man nichts.«

Im Umkreis des Altstädter Rings liegen die Geschäfts-
räume von Kafkas Vater, fast alle Wohnungen der Familie und zwei der provisorischen Behausungen, die Franz
Kafka zeitweilig für sich allein nutzte (Bílkova 10 und das
jetzt schön renovierte Eckhaus Dlouhá/Masná, der Balkon
mit dem Hauszeichen, dem »goldenen Hecht«, gehörte zu
Kafkas Wohnung). Franz Kafkas Geburtshaus (U radnice
5, an der Ecke Maiselova), bis 1787 die Prälatur der Benediktiner der benachbarten Niklaskirche, brannte 1897
nieder und wurde bald darauf neubarock wiedererrichtet.
Eine (nur tschechischsprachige) Gedenktafel wurde am erhalten gebliebenen Portal 1966 im beginnenden »Prager
Frühling« angebracht, als allen voraus der beharrliche Prager Germanist Eduard Goldstücker das jahrzehntelange
politisch verordnete Totschweigen des »dekadenten Bour-
geois« (und obendrein Juden) Kafka brach. Goldstücker
organisierte 1963 im Schriftstellerverband eine Konferenz
über Kafka und 1965 eine zweite über die Prager deutsche Literatur, ihr Motto »Weltfreunde« erinnerte an Franz
Werfels ersten Gedichtband. Die politische Quittung für
Goldstücker folgte nach der Niederschlagung des Prager Frühlings: Exil 1968, Ausbürgerung 1974 (aufgehoben
1990).

In den nächsten paar Jahren zog die Familie Kafka mehrmals um – früher nichts Ungewöhnliches: Wenzelsplatz; zwei Wohnungen im (damals noch existierenden) Ghetto; Celetná 2, direkt am Altstädter Ring. Längere Zeit, 1889-1896, blieben die Kafkas erst im Haus »Minuta« neben dem Rathaus, dann (1896-1907) in der Celetná 3. 1907 bezog die Familie eines der nach der Ghetto-»Assanierung« neu errichteten großen Mietshäuser (Pařižská, damals Niklasstraße, das letzte Haus rechts vor der Brücke): Fahr-

Franz Kafka, 1906

stuhl, eine Wohnung im obersten Stock mit freiem Blick über die Moldau (dem Ausblick, der sich vom jetzt an dieser Stelle stehenden Hotel Intercontinental aus bietet). 1913 schließlich ging es wieder an den Altstädter Ring 5/ Ecke Pařižská, in eine luxuriöse Sechszimmerwohnung in der dritten Etage (trotz späterer Umbauten des Hauses erhalten). Der materielle und gesellschaftliche Aufstieg des Hermann (Heřman) Kafka, der 1882 mit einem kleinen Gassengeschäft in »Galanteriewa-

ren« begonnen hatte, war vollendet. Seine letzte und feinste Geschäftsadresse, von 1912 bis zum Verkauf 1918, war das Kinský-Palais, im Erdgeschoß rechts. In ebendiesen Räumen ist neuerdings die »Buchhandlung Franz Kafka« – quasi ein postumer Triumph über einen Vater, der von Literatur nichts wissen wollte, auch nicht von der, die sein Sohn schrieb.

Im Kinský-Palais, in einem rückwärtigen Flügel der geräumigen Anlage, befand sich das Altstädter »k. k. Staatsgymnasium mit deutscher Unterrichtssprache«, das Kafka von 1893 bis zum Abitur 1901 besuchte. Im Palais verbrachte Bertha Gräfin Kinský ihre Kindheit, bekannt geworden später als Bertha von Suttner. Die Schriftstellerin und Pazifistin (*Die Waffen nieder!*, 1889) erhielt 1905 den Friedensnobelpreis; wenige Tage vor Ausbruch des Ersten Weltkriegs starb sie in Wien.

In der Wohnung des Hauses Celetná 3, im 1. Stock, hatte Franz Kafka, von seinen Schulkameraden darum beneidet, ein Zimmer für sich, mit dem Fenster zur Gasse. (Direkt in die Teynkirche hinein – rechts ganz hinten – stieß das Fenster eines Hinterzimmers der Wohnung. Das war aber nicht Franz Kafkas Zimmer, wie unermüdlich kolportiert wird.) Hier begann der Gymnasiast zu schreiben; von diesen Anfängen hat er jedoch fast alles wieder vernichtet. Eine Ausnahme ist die aus nur zwei Sätzen – aber was für Kafka-Sätzen schon! – bestehende Skizze *Das Gassenfenster*:

»Wer verlassen lebt und sich doch hie und da irgendwo anschließen möchte, wer mit Rücksicht auf die Veränderungen der Tageszeit, der Witterung, der Berufsverhältnisse und dergleichen ohne weiteres irgend einen beliebigen Arm sehen will, an dem er sich halten könnte, – der wird es ohne ein Gassenfenster nicht lange treiben. Und steht es mit ihm so, daß er gar nichts sucht und nur als müder Mann, die Augen auf und ab zwischen Publikum und Himmel, an seine Fensterbrüstung tritt, und er will nicht und hat ein wenig den Kopf zurückgeneigt, so reißen ihn doch unten die Pferde mit in ihr Gefolge von Wagen und Lärm und damit endlich der menschlichen Eintracht zu.«

Von diesem Gassenfenster aus entspann sich im Sommer 1903 Kafkas erstes sexuelles Abenteuer, dessen Lust und Enttäuschung er viel später, 1920, in einem Brief an Milena Jesenská recht ausführlich schilderte.

Kinský-Palais

Kurios: jahrzehntelang, zu sozialistischen Zeiten, war in dieser ehemaligen Kafka-Wohnung ein vegetarisches Restaurant etabliert. Den Dichter, der etwa seit seinem dreißigsten Jahr zum Verdruß des Vaters Vegetarier war, hätte das sicher amüsiert.

Einen Gebäudekomplex am anderen Ende der Celetná (Celetná 36/Ovocný trh 14) – barock und mit einer neobarocken Erweiterung in den Obstmarkt hinein – mag man auf andere Weise mit Kafka in Beziehung bringen: die labyrinthisch wirre Anlage dieses »Landeszivilgerichts« hat möglicherweise die Topographie im *Prozeß* mitgestaltet. Dem Juristen Kafka war sie von seiner beruflichen Tätigkeit her vertraut.

Das Haus »Zum goldenen Engel« gegenüber in der Celetná (Nr. 29) war im 19. Jahrhundert ein renommiertes Hotel. Hier logierte 1866 Theodor Fontane, als er in Prag und auf den Schlachtfeldern für seinen großen Bericht für die *Neue Preußische Zeitung* über den preußisch-österreichischen Krieg – der nach gut zwei Wochen am 3. Juli mit der vernichtenden österreichischen Niederlage von Königgrätz geendet hatte – recherchierte.

Mehr als nur ein Zufall der Geschichte: Bedřich Smetanas erster Oper wurde – trotz ihres historisch fernen Sujets – ein halbes Jahr nach der Premiere (Januar 1866) ein höchst aktueller Zeitbezug nachgeliefert: Da waren nun tatsächlich *Die Brandenburger in Böhmen* eingefallen, sogar in Prag, wo sie allerlei Schäden anrichteten. Smetana hatte sich vorsichtshalber aus der Stadt entfernt (»wenn die Preußen erfahren, daß ich der Autor der ›Brandenburger‹ bin, lassen sie mich vielleicht erschießen«). Die Behauptung nationaler Eigenständigkeit, das lediglich historisch drapierte eigentliche Sujet der Oper, war freilich in Böhmen stets aktuell, von 1848 bis 1918. Parolen wie »Wir dürfen hier nicht länger fremde Truppen dulden« (so der erste Satz der Oper!) sorgten dann auch 1939 wie 1968 für ein sofortiges Aufführungsverbot.

Celetná 25 war das Wohn- und Sterbehaus des Philosophen, Theologen und Mathematikers Bernard Bolzano (1781-1848). Bis heute ist er im tschechischen Geistesleben eine präsente Größe. Bolzano wurde beispielsweise auch in den philosophischen Studentendebatten der Jahrhundertwende, wie von Max Brod geschildert, heftig diskutiert.

Gegenüber, an der anderen Ecke der Celetná zum Ovocný trh, fällt das kürzlich renovierte Haus »Zur Schwarzen Muttergottes« auf: Es wurde als Kaufhaus 1911-12 von Josef Gočár errichtet (die Hausheilige stammt vom barokken Vorgängergebäude), dem führenden Architekten eines ganz speziellen »Prager Kubismus«. In diesem Zusammenhang soll daran erinnert werden, daß sich im Prag der Jahrhundertwende in der Architektur, in den bildenden Künsten und in der tschechischen Literatur eine blühende Moderne entfaltet hatte, die von einer Vielzahl ausschließlich tschechischer Künstler getragen wurde: eine Moderne, die sich – anders als die tschechische Musik und die Prager deutsche Literatur – vorwiegend an Pariser Vorbildern orientierte. In zwei Etagen dieses Gočár-Hauses ist eine Dauerausstellung zum Prager Kubismus eingerichtet. Der Prag-Besucher muß unbedingt auch die äußerst reichhaltige Sammlung in der »Nationalgalerie der modernen Kunst« besuchen, übrigens selbst ein vorzüglicher Bau von 1924-28, der Le Corbusiers Bewunderung erregt hatte (Dukelských hrdinů, nahe Metrostation »Vltavská«).

An der Einmündung des Ovocný trh in die Železná befindet sich das – wie es seit den 1990er Jahren wieder heißt – »Ständetheater« (Stavovské divadlo). Laut Giebelinschrift ist es »Patriae et Musis« (dem Vaterland und den Musen) geweiht. Der Privatinitiator Franz Anton Graf Nostitz-Rieneck errichtete es 1781-83 als »Böhmisches Nationaltheater«. (1799 kam das Theater in den Besitz der Böhmischen Stände, der Adelsvertretung.) »Böhmisch« und »National« meint weder die Sprache noch einen neuzeitlichen Nationsbegriff, sondern, im althergebrachten Sinne von Herrschaftsloyalität, das Königreich Böhmen innerhalb des Habsburgerreichs. Das gilt so noch bis tief ins 19. Jahrhundert hinein: Mochten unter böhmischen Patrioten die politischen Vorstellungen im einzelnen differieren, mochte man deutsch oder tschechisch oder beides sprechen, solche Unterschiede waren eher zweitrangig. František Palacký etwa verfaßte seine *Geschichte Böhmens* zuerst auf deutsch, die spätere Fassung dann auf tschechisch; Josef Wenzig, ein Prager Lehrer, schrieb das Textbuch für Smetanas *Libuše* – seit ihrer Premiere 1881 die offizielle tschechische Staats-Oper – auf deutsch, dann wurde es übersetzt. Der politische Einschlag änderte sich dennoch: Heißt es in Libušes großer Schlußvision in der deutschen Fassung von Wenzig noch: »Mein treues Böhmervolk wird niemals untergehn«, so skandiert Smetana hier auf tschechisch: »Český národ neskoná«, und zwar unüberhörbar aggressiv, im hämmernden Rhythmus des alten Hussiten-Kampfliedes. (Bezeichnend ist, daß es im Tschechischen kein Wort für »Böhmen«, »böhmisch« gibt, nur *Čechy, český.*)

Das »Böhmische Nationaltheater« stand also beiden Sprachen und Volksgruppen offen. Tschechische Werke kamen deswegen zögerlich auf die Bühne, weil es anspruchsvollere Stücke noch nicht gab, die über das derbe Volkstheater

Ständetheater

hinausgingen. Eröffnet wurde das Haus mit Lessings *Emilia Galotti*. Die Grundsteine zum tschechischen Musiktheater wurden zwei Singspiel-Komödien: *Dráteník* (Der Drahtbinder, 1827) von František Škroup und *Fidlovačka* (Das Fiedlerfest, 1834) von Josef Kajetán Tyl und Škroup. Es handelt sich hierbei um Volksstücke mit anspruchsloser Musik. Die Bezeichnung »erste tschechische Opern«, wie man immer wieder liest, ist doch etwas zu hoch gegriffen. (Umso erstaunlicher, zu welchen Höhen Smetana nur drei Jahrzehnte später gelangte!) In Škroups *Fidlovačka* singt ein blinder Bettler das ergreifende Lied *Kde domov můj?* (Wo ist mein Heim?). Ein Lied, das – nicht zuletzt durch seinen politischen Symbolgehalt – sehr populär und 1918 dann zum ersten, tschechischen Teil der tschechoslowakischen Nationalhymne wurde. Nach dem Schauspieler und Dramatiker Josef Kajetán Tyl (1808-1856) benannte man das Theater dann schon 1920 (Tylovo divadlo), als es handstreichartig – und von Regierungsseite geduldet – von Tschechen in Besitz genommen wurde. So hieß es dann selbstverständlich während der ganzen sozialistischen Epoche.

František Škroup (1801-1862), ein perfekt zweisprachiger Böhme wie viele kulturbestimmende Prager Persönlichkeiten im 19. Jahrhundert, wirkte zwei Jahrzehnte als Erster Kapellmeister am Ständetheater. Unter seiner Leitung gewann das Haus den Anschluß an die damals neue Musik. Škroup brachte Opern von Verdi und – noch vor Wien – Wagner (*Tannhäuser* 1854, *Lohengrin* 1856) heraus. Hier erklang, unter Hans von Bülows Gastdirigat, bereits 1859 das Vorspiel von Wagners *Tristan*, jener noch als unspielbar geltenden Oper, deren Proben in Wien abgebrochen wurden und die erst 1865 in München auf die Bühne kam.

Für den Musikfreund ist und bleibt das Ständetheater

freilich die Bühne der Premiere von Mozarts *Don Giovanni* im Oktober 1787. Die Prager Aufführung von *Le nozze di Figaro* (Dezember 1786, ein halbes Jahr nach der nicht sonderlich erfolgreichen Wiener Premiere) wurde für Mozart, der vom Grafen Thun nach Prag eingeladen war, ein triumphaler Erfolg. Überall spielte und sang man nun Melodien aus dem *Figaro*, auch in den Wirtshäusern »mußte selbst der Harfenist bey der Bierbank sein ›Non più andrai‹ ertönen lassen«, wie wir in der ersten Mozart-Biographie (1798) lesen, die der Prager Musikprofessor Němeček (Niemetschek) verfaßt hat. Als Mozart im Februar 1787 nach Wien zurückfuhr, hatte er den Vertrag für eine neue Oper – unfaßbar kurze acht Monate reichten ihm, um *Don Giovanni* zu komponieren. Eduard Mörikes bekannte Novelle *Mozart auf der Reise nach Prag* (1856, zum hundertsten Geburtstag des Komponisten) hat Mozarts zweite Prager Reise zum Thema, eben zur *Don Giovanni*-Premiere. Die – frei erfundene – Geschichte endet allerdings bereits auf einem südböhmischen Schloß.

Ein »Künstlerhaus« etwas anderer Art befand sich in einer Seitengasse nächst Theater und Universität: das Haus »Zum roten Pfau« (auch »Zu den roten Glocken«, Kamzíkova 6) beherbergte bis 1919 das »Etablissement Goldschmidt«, kurz »Gogo« genannt. In dem feinsten Prager Nachtlokal und Bordell trafen sich die Vorkriegs-Oberschicht und -Boheme. Franz Werfel war in seinen Prager Jugendjahren hier eifriger Gast. Aus zeitlicher wie räumlicher Distanz hat er in der Novelle *Das Trauerhaus* (1927) die turbulente Atmosphäre geschildert, die dort herrschte: Im Freudenhaus kommt der beliebte Besitzer gewaltsam zu Tode, just am Tage des Mordes von Sarajevo – im Großen wie im Kleinen geht eine Epoche zu Ende. Wie gewohnt zeichnet Werfel mit mehr oder minder diskreter Maskierung reale Personen. Recht amüsant etwa ist es, vor allem aus der Perspektive der späteren Geschichte, hier einem verkommenen alten Klavierspieler des Etablissements zu begegnen, der den Namen Zdeněk Nejedlý trägt: Der reale Zdeněk Nejedlý war ein einflußreicher Musikschriftsteller und Professor an der Prager Universität, der sich als fanatischer Smetana-Verehrer und ebensolcher Janáček-Hasser hervortat, und später (was Werfel nicht ahnen konnte) als strammer Stalinist lange Jahre das tschechoslowakische Musikleben unter seiner Fuchtel hatte.

An Werfel, den späteren Verfasser des Erfolgsromans *Verdi* (1924), erinnert sich in diesem Zusammenhang Willy Haas: »Franz Werfel schmetterte und brüllte die Arien von Verdi mit seiner guten, aber völlig ungeschulten Stimme viele Stunden lang in allen möglichen Prager Nachtbars und Nachtlokalen: ›Eldorado‹, ›Maxim‹, ›Gogo‹ und so weiter. Die Mädchen waren begeistert. ›Caruso, Caruso!‹ riefen sie, sobald er ein Lokal betrat, und diejenigen, die sehr gebildet waren, sprachen den Namen sogar französisch aus: ›Carousseau!‹ Der Klavierspieler oder das Salonorchester intonierte sofort ›La donna è mobile‹ oder ›Questa quella‹, und Werfel schmetterte drauflos.«

In der Rytířská 26, nahe dem Theater, befand sich die Handschuhfabrik von Franz Werfels Vater. Ein paar Häuser weiter (Nr. 29) prunkt der Neurenaissancebau der ehemaligen Böhmischen Sparkasse. Während des Kommunismus beherbergte er ein »Klement-Gottwald-Museum«, seit der Wende hat ihn wieder eine Bank bezogen. Das prächtige Interieur ist überaus sehenswert. An dieser Stelle befand sich zwischen 1738 und 1783 die erste ständige Prager Theaterbühne: das populäre »Theater in den Kotzen«, benannt nach dem Tandlermarkt (tsch. *kotec*, Marktbude), der zwischen Rytířská und Havelská bis heute seine Verkaufsstände hat. Hier gab man italienische Opern, französische Schauspiele, deutsche Komödien und 1771 zum ersten Mal ein tschechisches Theaterstück: das Lustspiel *Kniže Honzík* (Fürst Hannes), aus dem Deutschen übersetzt.

Kurz vor dem Uhelný trh, am Haus Rytířská 10, erinnert eine Gedenktafel an den hier (im Vorgängerbau) geborenen Alois Senefelder (1771-1834). Senefelder war Schauspieler und Schriftsteller und erfand zur Vervielfältigung seiner Theatertexte das Verfahren der Lithographie.

In dem ursprünglich gotischen, später barockisierten Haus »Zu den drei goldenen Löwen« am Uhelný trh hatte Mozart im Herbst 1787, anläßlich der Einstudierung des *Don Giovanni*, ein Stadtquartier fast in Sichtweite seines Theaters (daher das plumpe »Wolfgang« als Name der jetzigen Kneipe in diesem Haus). Sein Librettist Lorenzo

Max Brod

da Ponte war gleich gegenüber untergebracht, in einem Vorgängerbau des jetzigen »Platýz«-Komplexes. (Mozarts eigentliche Wohnung während jener Zeit aber war das Smíchover Landhaus seiner Freunde Dušek, die »Villa Bertramka«.)

In dem mit schönen Neurenaissance-Sgraffiti verzierten Haus Skořepka 1 (Ecke Husova) lebte bis zu seiner Heirat Max Brod bei seinen Eltern. Kafka und Brod waren seit früher Studienzeit eng befreundet und trafen sich beinahe täglich. Im Hause Brod begegnete Kafka im August 1912 Felice Bauer, sie war auf Verwandtenbesuch bei Brods. Nicht einmal das Tagebuch verrät, was ihn an der 25jährigen Berliner Angestellten faszinierte: Sie saß »bei Tisch und kam mir doch wie ein Dienstmädchen vor. Ich war auch gar nicht neugierig darauf, wer sie war, sondern fand mich sofort mit ihr ab. Knochiges leeres Gesicht, das seine Leere offen trug. Freier Hals. Überworfene Bluse. Sah ganz häuslich angezogen aus, trotzdem sie es, wie sich später zeigte, gar nicht war. (...) Fast zerbrochene Nase. Blondes, etwas steifes reizloses Haar, starkes Kinn.« Mit Felice Bauer ging Kafka zweimal eine Verlobung ein (1914, 1917) und löste sie wieder. Das gleiche Muster – die Unfähigkeit, eine Lebensmöglichkeit zwischen dem Bedürfnis nach vertrauter Nähe und dem »Wunsch nach besinnungsloser Einsamkeit« zu gestalten – prägte alle Beziehungen Kafkas zu Frauen. Einsamkeit war ihm die unabdingbare Voraussetzung für sein Schreiben, so sehr, »daß ich, wenn ich einmal, außer durch Schreiben und was mit ihm zusammenhing, glücklich gewesen sein sollte (ich weiß nicht genau, ob ich es war), ich dann gerade des Schreibens gar nicht fähig war, wodurch dann alles, es war noch kaum in der Fahrt, sofort umkippte, denn die Sehnsucht zu schreiben hat überall das Übergewicht«. Felice Bauer lebte seit 1936 in den USA. Aus materiellen Gründen war sie später gezwungen, Kafkas Briefe einem Verleger zu verkaufen. (Ihre Briefe an Kafka sind nicht erhalten.)

Im zweiten Stock des Dominikanerklosters, das das ganze weitläufige Areal zwischen Zlatá, Jilská und Husova füllt, war seit 1811 das Prager Konservatorium beheimatet (erst 1884 siedelte es ins neuerbaute Rudolfinum über). Es war überhaupt das erste Konservatorium in der Monarchie, und damals eins der ganz wenigen in Europa, an dem alle Orchesterinstrumente studiert werden konnten.

In der Husova 17 findet man den »Goldenen Tiger« (»U zlatého tigra«). Die *pivnice* (Bierwirtschaft) ist seit dem legendären Besuch des saxophonspielenden Bill Clinton 1995 vor allem für amerikanische Touristen ein Pilgerziel, ebenso aber für Verehrer von Bohumil Hrabal, der hier seinen Stammtisch hatte. Hrabal wird oft mit dem Wirtshaushocker Jaroslav Hašek verglichen. Das mag vordergründig einleuchten. Aber Hrabal lebt und schreibt nicht in der *pivnice*; er beobachtet, hört auf das unaufhörliche Kneipengerede der Leute, kondensiert es auf Typisches, Komisches, Absurdes. Hrabals Texte sind gestaltete Literatur, sind voller Poesie, Ernst und Absurdität, Groteskes und höchst Reales liegen immer nahe beieinander – vielleicht eine typisch tschechische Mischung. Wir finden sie ähnlich immer wieder etwa bei Milan Kundera, Pavel Kohout oder Josef Škvorecký.

»Ich sitze im Goldenen Tiger, spiele mit dem Bierdekkel und kann mich einfach nicht satt sehen an dem Emblem, zwei schwarzen Tigerlein, die sich in meinen Fingern drehen, wie immer knicke ich unbewußt die Ecken des Bestellzettels um, zuerst die eine, dann die andere, nach dem dritten Bier die dritte und danach die vierte, manchmal zieht Bohouš, wenn er mir das erste Bier bringt, den weißen Papierstreifen aus dem weißen Jäckchen und knickt mir schon vorher lächelnd eine Ecke um, ich sitze in Gesellschaft, wo immer ich mich niederlasse, und gleich ist es meine Gesellschaft, ist es mein Ritual, und nicht nur das meine, sondern das Ritual aller Leute, die Bier trinken kommen, denn der Tisch bildet eine Gesellschaft, die redet. Es sind Gespräche am Kneipentisch, Gespräche, in denen sich der Mensch von den täglichen Streßsituationen distanziert, oder es wird nur geschwatzt, doch auch das ist Distanzierung, vielleicht wird man, wenn es einem besonders übel ergangen ist, am ehesten vom banalen Geplauder über banale Dinge und Geschehnisse geheilt, manchmal sitze ich da und schweige verstockt, überhaupt gebe ich beim ersten Bier nachdrücklich zu erkennen, daß es mir unangenehm ist, irgendwelche Fragen zu beantworten; so wie ich mich auf das erste Bier freue, so dauert es bei mir eine gewisse Zeit, bis ich mich in die tyrannisch lärmende Kneipe einpasse, bis ich mich auf die vielen Gäste, auf die vielen Gespräche einstimme, jeder scheint von dem Wunsche beseelt, was er sagt, möge gehört werden, jeder in dieser Kneipe glaubt, was er gerade sagt, sei beachtenswert, und so trompetet er seine banale Botschaft hinaus, ich selber gehöre zu diesen Schreihälsen, nach dem zweiten Bier halte ich alles, was ich sage, für äußerst wichtig, und deshalb schreie ich, habe den Blick geschärft und trompete meine Sätze in die Gegend, wobei ich in meiner Einfalt meine, daß nicht nur mein Tisch, sondern die ganze Welt sie vernehmen müsse. So sitze ich da und höre nicht auf, nervös mit den Bierfilzen zu spielen, etwa zehn halte ich in der Hand, mische sie wie Spielkarten, lasse sie von oben auf den Tisch schurren, trinke einen Schluck, spiele aber gleich wieder mit den Pappfilzen und dem Bestellzettel. Jetzt bin ich hier, nein, allein bin ich nicht, doch ich mische mich nicht ins Gespräch, ich höre nur zu. Wie viele zehntausend Gespräche habe ich schon auf diese Weise erlebt, wie vielen Zehntausenden Menschen bin ich in meinen Wirtshäusern begegnet, wie viele zehntausend Menschen habe ich möglicherweise mit meinem Gerede berührt, nein, nicht mit meinem Gerede, sondern im Dialog, der zuweilen in einen Vortrag überging, in der Regel nicht in meinen, sondern in den Vortrag der anderen, wobei wir zuletzt alle still wurden und einer Geschichte lauschten. (...)

Neben mir unterhielten sich Gäste über Pilze, über Reizker, ich wartete darauf, daß sie auf das Wesentliche zu sprechen kämen, doch keiner kam auf das Wesentliche über die Reizker, und so bat ich um Entschuldigung und sagte: Meine Herren, der Reizker, das ist ein mystischer Pilz, er ist von herrlichem Fuchsrot: in den konzentrischen grünlichen Ringen verbirgt sich die mystische Sendung dieses Pilzes, denn diese grünlichen, sich verengenden Ringe enden bei jedem Reizker in einem grünen Nabel, im Mittelpunkt jener kleiner werdenden, konzentrischen grünen Kreise, und dieser Punkt in der Mitte des Reizkerhutes ist das Zentrum des Denkens, er ist das, was die buddhistischen Priester beschauen, ihr Nabel, durch den sie sich an Nabelschnüren bis zum Urbauch unserer Urmutter zurückhangeln, der allerersten Frau, die einen glatten Leib hatte, er ist der Anbeginn des Menschengeschlechts, das alles, meine Herren, sage ich, läßt sich aus den konzentrischen grünen Ringen des roten Reizkers, die das lauterste Grundsymbol menschlicher Anfänglichkeit und Heutigkeit enthalten, als Botschaft herauslesen. Aber, meine Herren, Sie essen doch so gerne, also werde ich Ihnen das Rezept geben, nach dem sich die spanischen Holzfäller im Walde die Reizker zubereiten. Eine Schicht Fleischwurst, darauf eine Schicht Reizker, dann geschnitzelter Paprika, dann eine Schicht Speck, dann Tomatenstücke und endlich eine Schicht Wurst und Reizker, immer Schicht auf Schicht, und danach wird die Wurst, wird alles am Feuer gebacken, und ganz am Schluß, wenn es fertig ist, kann man es mit geriebenem Käse bestreuen ...«

Am Ende der Husova, zum Marianské náměstí hin, befindet sich das größte Adelspalais in der Altstadt: das Palais Clam-Gallas, um 1715 vom Wiener Hofarchitekten Johann Bernhard Fischer von Erlach errichtet. Der Bauherr, Johann Wenzel Graf Gallas, war Oberster Marschall des Königreichs Böhmen und Vizekönig von Neapel. Bis ins 19. Jahrhundert hinein war das Palais eine Stätte der Künste: neben der Musik wurde hier vor allem das Schauspiel gepflegt, die Liebhaberaufführungen von Dramen Schillers, Goethes und auch französischer Klassiker waren weithin gerühmt.

Angesichts dieses glanzvollen Palastes mag man an eine Bemerkung von Johannes Urzidil denken: »Wer Kafka und seine Umwelt kannte, weiß noch, daß sein Türhüter (*Vor dem Gesetz*) eine direkte Spiegelung der schwerbemantelten, zweispitzgekrönten, bärtigen und grimm dreinblickenden Portiers ist, die mit goldbeknauften Stäben die mächtigen Tore der Prager Adelspaläste bewachten und die Knaben nicht einmal von der Seite ins Innere blicken ließen, von wo ein unverlöschlicher höherer Glanz hervorzudringen schien. Die Bedeutung der Dialoge des Türhüters mit dem einlaßbegehrenden Mann vom Lande ist vielfältig und hat sich gewandelt. Kafkas Bilder sind eigentlich keine Bilder, sondern die Realität hinter den Bildern, in denen sich die Welt und das Dasein anbieten.«

Ich möchte hier die nachdenklichen Sätze noch eines anderen Zeitgenossen anführen; auch er kannte Kafka gut und den ganzen »Prager Kreis«, dessen Innerstem er angehörte. Willy Haas, der in Prag 1925 die Zeitschrift *Die literarische Welt* gegründet hatte und später, in seinen Hamburger Jahren, mit seiner regelmäßigen Literaturbeilage für die Tageszeitung *Die Welt* bekannt wurde, schreibt in seinen Memoiren über seine Lektüre der Romane Kafkas:

»Als sie in den zwanziger Jahren, nach Kafkas Tod und

gegen seinen Willen, herauskamen, las ich sie, wie man ein völlig vertrautes Panorama seiner eigenen Jugend liest, in dem man jeden versteckten Winkel, jede Ecke, jeden staubigen Korridor, jede Laszivität, jede noch so delikate entfernte Anspielung sofort wiedererkennt. Kafka hat gewiß alles gesagt, was wir zu sagen hatten und nicht gesagt haben, nicht sagen konnten: dies ist für mich sein Genie. Ich glaube, ich kann seine Bücher wie im Traum lesen, ich begreife nicht, daß ein Wort nötig ist, sie zu erklären. (...) Ich kann es mir nicht vorstellen, wie irgendein Mensch ihn überhaupt verstehen kann, der nicht in Prag und nicht um 1890 oder 1880 geboren ist. Es liegt an seinem merkwürdig stummen, allegorisch-realistischen Tiefsinn, daß derjenige, der die ungeheuer suggestive lokale Vordergrundswelt, das Milieu seiner zwei größten Bücher, *Der Prozeß* und *Das Schloß*, nicht wirklich kennt, auch die ganz dichte metaphysische Analogie, die nur in diesem und durch diesen lokalen Mikrokosmos existiert, nicht wirklich verstehen kann: so entstanden und entstehen die abstrusesten Mißverständnisse.«

Kafka hat selbst oft das Palais Clam-Gallas betreten, denn in ihm war zu seiner Studienzeit das »Staatswissenschaftliche Seminar« des Philosophen, Soziologen und Ökonomen Alfred Weber untergebracht. Kafka wie auch Max Brod besuchten seine Vorlesungen, und 1906 promovierte Franz Kafka bei ihm.

Wir machen zum Schluß noch einen kleinen Schlenker über Karlova und den Kleinen Ring wieder zum Altstädter Ring und gleich rechts in die erste Gasse hinein, die Melantrichova. »Il divino Boemo« – diesen Ehrennamen errang der Sohn eines wohlhabenden Prager Müllers bereits zu Lebzeiten. In Italien, wo er fast sein halbes Leben zubrachte, stieg er zu einem der führenden Opernkomponisten seiner Zeit auf: Josef Mysliveček (1737-1781). Im Haus »Zum blauen Schiff« (Melantrichova 13), das sein Vater 1740 erworben hatte, lebte er bis zum Ende seiner zweifachen Ausbildung zum Müllermeister und zum Komponisten. Den Mozarts, Vater und Sohn, war Mysliveček freundschaftlich verbunden.

Im Eckhaus Kožná 1 wurde 1885 Egon »Erwin« Kisch geboren. (Erwin hieß er gar nicht, ursprünglich sollte »Erwin Kisch« ein Pseudonym sein – Schülern der staatlichen Schulen waren Publikationen untersagt.) Das Haus »Zu den zwei goldenen Bären«, eins der schönsten Renaissancehäuser (um 1570) in der Altstadt, hat – wie viele Prager Häuser – jahrhundertealte Untergelasse: »Der Flur, der in den Hof mündet, ist breit und gewölbt und dennoch voller Dunkelheiten. Eisentüren rechts und links verschließen vier nie betretene Verliese. Am Kellereingang baumelt ein Eisenring mit dem Rest einer geheimnisvollen Kette, und im Keller selbst wissen wir einen Rittersaal mit Nebenräumen, aus denen einstmals zwei Gänge zum Rathaus und zur Teinkirche führten. Wenn wir erwachsen sind, werden wir diese längst verschütteten Gänge wieder freilegen, sie bewaffnet durchschleichen und etwas Großes vollführen, das ist sicher.« Und zu dem prachtvollen Portal: »Zwei steinerne Bären, die seit Jahrhunderten das Gold ihres Fells bewahrt haben, hüten das Tor, ihrerseits behütet von zwei mit Ruten bewehrten Jünglingen. Unten, fast in Straßenhöhe, sprießen aus den Mündern zweier menschlicher Profile dichte Ranken, Früchte und Blätterwerk, zuerst aufwärts und dann in leichter Rundung sich einander zuwendend. Das grüne Gezweig umhüllt Säulen und Ornamente und läßt nur den goldenen Bären in der Höhe den gebührenden

Platz. Noch heute steht dieses Haus, es steht sogar unter Denkmalschutz, aber die Firmentafel neben dem schönen Portal ist für immer dahin, es sei denn, daß sie in einem der eisenverschlossenen Verliese stäke. Diese Firmentafel lautete: ›S. Kisch & Bruder, Tuch-Handlung‹. Eine tschechische Übersetzung stand nicht dabei. Der ›S. Kisch‹ war mein Onkel, der ›& Bruder‹ mein Vater.« (Der Name Kisch kommt übrigens nicht aus dem Ungarischen, sondern von Chýše, dem Namen eines westböhmischen Städtchens, aus dem die jüdische Familie im 17. Jahrhundert nach Prag gezogen war.)

Obwohl unverhohlen linksorientiert, mit deutlicher Sympathie für die tschechische Bevölkerung, arbeitete Kisch entscheidende Jahre für die Prager Tageszeitung *Bohemia*, die ebenso renommiert war wie stramm deutschnational. »Gleich bei meinem Eintritt in die Redaktion schärfte man mir die goldenen Regeln ein: kein tschechisches Wort ohne deutsche Übersetzung, denn wir muten unseren Lesern nicht zu, Tschechisch zu verstehen. Bei Sláva-Rufen muß in Klammern bemerkt werden, daß es sich um Hoch-Rufe handle (...). Als Kaiser Franz Joseph nach Prag kam, um die

Egon Erwin Kisch

tschechische Jubiläumsausstellung zu besuchen, wurden Empfang, Dekorationen, Ovationen und jede Drehung der Hofkaleschenräder spaltenlang beschrieben – doch unvermittelt brach die Schilderung mit dem Satz ab: ›Hierauf betrat Seine Majestät das Ausstellungsgelände.‹ Denn die Ausstellung wurde von deutscher Seite totgeschwiegen. (...)

Die nationalen Streitereien gefielen mir nicht. Von den Telefonistinnen des Postamts verlangte ich die Verbindung tschechisch und telefonierte aus der Redaktion mit tschechischen Beamten in ihrer Sprache. Meine Kollegen knurrten: ›Wie können wir verlangen, daß man auf den Ämtern deutsch sprechen soll, wenn unsere eigenen Herren tschechisch sprechen!‹«

Kisch kreierte eine neue Arbeitsweise des Zeitungsjournalismus: Er war nicht »Korrespondent« oder Berichterstatter, er war der erste Reporter. »Ich drängte mich mit der Masse der Frierenden in den Wärmestuben, ich wartete mit den Hungernden in der Volksküche auf die Armensuppe, ich nächtigte mit den Obdachlosen im Nachtasyl, mit den Arbeitslosen hackte ich Eis auf der Moldau, schwamm als Flößerbursche nach Hamburg, statierte im Theater, zog mit dem Heerbann des Lumpenproletariats ins Saazer Land auf Hopfenpflücke und arbeitete als Gehilfe des Hundefängers. Gab es Hindernisse, so registrierte ich die Hindernisse, und sie waren oft merkwürdiger als das Thema selbst.« Kisch schrieb aberhunderte Reportagen, Skizzen und Stories, und quasi an jeder zweiten Prager Straßenecke könnte man eine seiner Geschichten vorlesen: Aktuelles und Nachdenkliches, Trauriges und Skurriles. Auch vor politisch Hochbrisantem scheute er nicht zurück: Den berühmten Spionagefall des k. u. k. Obersten Redl – bereits 1925 erstmals verfilmt – hat Kisch aufgedeckt. Dennoch: *Der rasende Reporter*, wie Kisch 1925 einen seiner Sammelbände betitelte, das weckt in uns Heutigen ein schiefes Bild von diesem Zeitgenossen, der mehr war als ein Journalist – er war ein Schriftsteller. Seine Autobiographie *Marktplatz der Sensationen*, geschrieben und 1942 publiziert im mexikanischen Exil, ist über alle historischen Interessen hinaus unbedingt lesenswert, ist Literatur. Unvergeßlich sind etwa die Szenen aus dem Ersten Weltkrieg, demaskierende Momentaufnahmen des Entsetzens angesichts der Entfesselung von Brutalität in der allgemeinen totalen Erniedrigung.

Zweiter Spaziergang:
Altstadt

Metro »Národní třída« − Národní třída [Ferdinandstraße] − Karoliny Světlé − Betlémské náměstí − Anenské náměstí [Annaplatz] − Křižovnické náměstí [Kreuzherrenplatz] − Smetanovo nábřezí [Franzenskai] − Slovanský ostrov [Sophieninsel] − Masarykovo nábřezí − Národní třída

Wie bei so vielen alten Städten, kann man auch im Prager Stadtplan noch heute die Geschichte ablesen. Die Prager Altstadt schmiegt sich in das Moldauknie, der Straßenverlauf Národní třída − Na příkopě − Revoluční schlägt einen Bogen symmetrisch zum Fluß; die Mitte dieses ungefähren Kreises, den das Ganze bildet, ist der große Platz des Altstädter Rings. Die Národní třída (in wenigen Schritten von der gleichnamigen Metrostation zu erreichen) markiert den Verlauf der einstigen Stadtmauer mit Graben, die die »Altstadt« von der im 14. Jahrhundert gegründeten »Neustadt« trennte. (Einen kleinen Rest der Stadtmauer erkennt man noch bei der kleinen Kirche »St. Martin in der Mauer«, deren Südwand die Stadtmauer bildete; und »Na příkopě« heißt zu deutsch ja »Auf dem Graben«.) Mauer und Graben verschwanden erst 1781, als die fünf bis dahin selbständigen »Städte« Prags − Altstadt mit Ghetto, Neustadt, Kleinseite, Hradschin, Vyšehrad − vereinigt wurden. Noch heute aber wird die Nordseite der Národní zur »Altstadt« gerechnet, die Südseite zur »Neustadt«.

»Neue Allee« hieß die neuentstandene, von Kastanien gesäumte Straße ursprünglich. Seit 1864 wird sie »Ferdinandstraße« genannt, als Huldigung für Kaiser Ferdinand V., den letzten gekrönten König von Böhmen (er war 1848 zu-

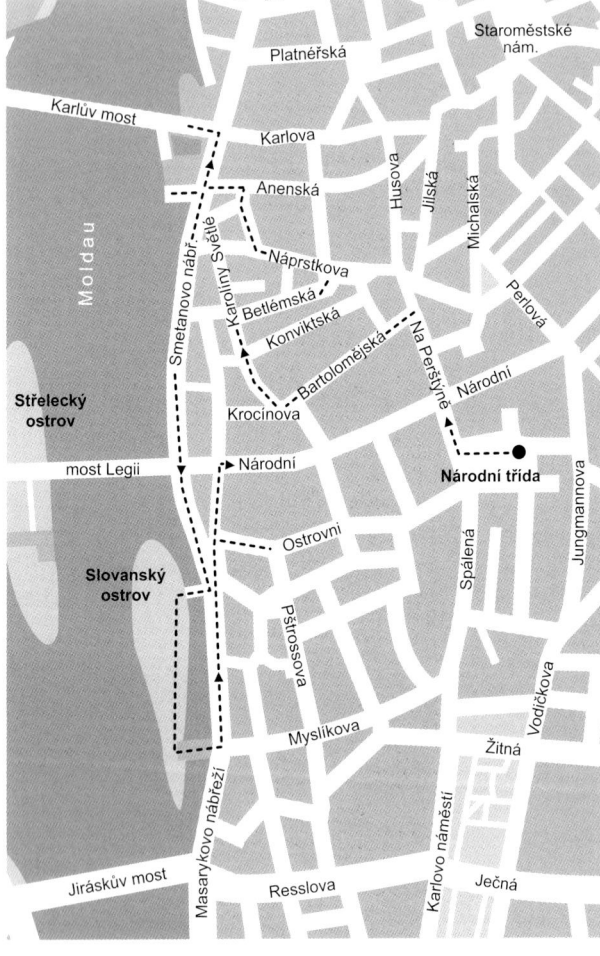

rückgetreten, lebte dann in Prag und starb hier 1875). Am 28. Oktober 1918, dem Tag der tschechoslowakischen Staatsgründung, wurde sie in »Národní třída« [Nationalstraße] umbenannt. Sie war traditionell der bevorzugte »Korso« der tschechischen Bevölkerung. Tschechisch geprägt waren ja das Národní divadlo und andere wichtige Gebäude an dieser Straße, so der große Palast (Nr. 3-5) gegenüber dem Theater, errichtet für die Böhmische Sparkasse, oder die prächtigen Jugendstilhäuser Nr. 7 (Versicherung »Praha«) und Nr. 9 (Verlag »Topič« und Redaktion der Zeitung *Lidové noviny*).

Tschechisch geprägt waren auch die drei legendär gewordenen Kaffeehäuser: das Café Slavia gegenüber dem Theater, an der Ecke zum Moldaukai, die Národní kavárna, kurz »Nárkav« genannt, ehemals an der Ecke Národní třída/Karoliny Světlé, und das Café Union (»Unionka«), das bis zur Zerstörung 1945 an der Ecke Národní třída/Na Perštýně stand (1970 kam der neue Glaskubus, ein Verlagshaus, in die Baulücke).

Hierzu erinnert sich ein Zeitgenosse, Zdeněk Kratochvil:

»Das Café Union hatte zwei Eingänge: einen breiten für die anständigen Gäste, der in einen mit rotem Samt ausgelegten Raum führte. Das war die ›erste Klasse‹, wo die Bürger und die Honoratioren saßen. In der ›zweiten Klasse‹ hockten gewöhnlich die Kunsthistoriker, die Literaten und Professoren, und die ›dritte Klasse‹ endlich war von der Künstlerschaft in Beschlag genommen. In den beiden letztgenannten Räumen standen kleine, mit Plüsch bezogene Kanapees. Die ›dritte Klasse‹ erreichte man durch den zweiten Eingang über einen engen Korridor, der an der Küche vorbeiführte. Dort gab es noch zwei oder drei Zimmer für die Schachspieler, die Esperantisten oder die

Journalisten. Von Zeit zu Zeit hielten sie hier ihre Versammlungen ab.

Das Café Union hatte seine unterschiedlichen Tageszeiten. Die Vormittagsstunden waren den grüblerischen Lesern vorbehalten, die hier sämtliche tschechischen Zeitschriften in absoluter Ruhe lesen konnten. Die Stunde nach Mittag pflegte jenen ›Proletariern‹ zu gehören, die zum Mittagessen ins Union kamen, da es hier zu einer Tasse Kaffee größere Kolatschen gab als in anderen, repräsentativen Kaffeehäusern. Ab vier vermischten sich die Bürger und Wissenschaftler mit dem Künstlerpublikum, und von abends um acht bis zur zweiten Morgenstunde war an ein systematisches Studieren überhaupt nicht zu denken. Je näher Mitternacht rückte, desto auffälliger war der Reigen exzentrischer Geister und mal mehr, mal weniger kühner Zwischenfälle im Union.«

Illustration von Josef Lada zu
»Der brave Soldat Schwejk«

In der Ersten Republik gehörte die Unionka zu den beliebtesten Lokalen tschechischer Künstler aller Sparten – Literaten, Maler, Architekten, Schauspieler. Um nur vier der heute geläufigsten Namen zu nennen: Jaroslav Hašek, die Brüder Karel und Josef Čapek und der Maler Josef Lada, weltbekannt geworden mit seinen Illustrationen zum *Švejk*. »Wohl jeder, der etwas mit Kunst und Literatur zu tun hatte, verkehrte einst in der Unionka, schwitzte auf dem roten Samt und trank mit heldenmütiger Überwindung den schwarzen Kaffee«, schrieb Karel Čapek; »alle Talente fetteten mit ihrem Haar die Wände, und alle geistigen Befruchtungen geschahen im warmen Brutofen dieser dicken Luft, und alle lasen hier, und alle besprachen hier etwas und wollten etwas Großes, und hauptsächlich diskutierten sie über alles mögliche. (...) Die Unionka ist ein Denkmal. Die Unionka ist ein Reservat. Die Unionka ist ein Ort, wo sich – da aus Pietät nicht gelüftet wird – der Atem von Literaten- und Künstlergenerationen staut.« Der Schriftsteller Emil Artur Longen erinnert sich an die zahllosen Aufenthalte Hašeks, der ja so gut wie nie einen festen Wohnsitz hatte, in der Unionka:

»Oftmals war Hašek gezwungen, schnell in Kaffeehäusern zu schreiben, um sich etwas Geld zu verschaffen, und wie bei seinen brillanten improvisierten Vorträgen bat er gewöhnlich seine Freunde um ein Thema. Er schrieb sofort, die Buchstaben mit der Sorgfalt eines Kalligraphen zu Papier bringend. Unordentlich, fast schlampig im Leben, liebte er eine schöne Handschrift, wobei er sehr wenig strich oder umschrieb. Wenn er zu schreiben begann, hatte er schon die Zahl der Blätter, die sein Artikel umfassen würde, genau berechnet. Auch nach den geforderten Druckspalten konnte er sich richten, und beim Schreiben ließ er sich von niemandem stören. Geduldig hörte er sich die Anspielungen wohlgelaunter Freunde an, er reagierte höchstens mit einer spitzen Bemerkung. Oberkellner Patera in der Unionka ärgerte Hašek sehr gern, wenn dieser in einer Ecke des Kaffeehauses seine Humoresken verfaßte. Patera beäugte ihn und sagte: ›Schreiben Sie in der Erzählung auch etwas von schwarzem Kaffee oder von Buchteln, damit ich sehe, daß Sie ein richtiger Schriftsteller sind, Herr Hašek.‹

Illustration von Josef Lada zu »Der brave Soldat Schwejk«

Hašek nickte, und dann wunderte sich Patera beim Lesen der Geschichte, weil dort sowohl er selber als auch seine oft gebrauchten Ausdrücke vorkamen. Später bestach er Hašek, um nicht durch den Zeitungsdreck gezogen zu werden, wie er sich ausdrückte.«

Gleich gegenüber der Unionka, Na Perštýně 6, findet man schon eine Hašek-Memorabilie: in diesem Haus befand sich die Drogerie Kokoschka, in der Hašek nach seinem Rauswurf aus dem Gymnasium kurze Zeit arbeitete – und natürlich Unfug stiftete. Neben der alten Unionka steht heute noch (und verschont geblieben vom Modernisierungsfuror!) das gemütliche Wirtshaus »Zu den Bären« (U medvíků), das Hašek auch gern aufsuchte.

Zwischen Konviktská, Bendlova und Bartolomějská ist der Komplex eines ehemaligen Klosters gelegen. Zuletzt, bis zur Auflassung 1773, gehörte es den Jesuiten. In diesem »Konvikt«, wie man es nannte, befand sich auch die »Orgelschule« (seit 1830), an der Antonín Dvořák studierte. (Dvořák begann als Bratscher und als Aushilfsorganist an der kleinen Adalbertkirche in der Vojtěšská. Zeit seines Lebens spielte er gerne Orgel.) Später – wer würde es vermuten – studierte hier der Komponist der *Jenufa*, Leoš Janáček. Das ehemalige Refektorium war einer der drei Konzertsäle Prags, bis dann später das »Rudolfinum« und das »Obecní dům« mit ihren großen Sälen gebaut wurden. Im Konviktsaal wurden auch Bälle veranstaltet. Von besonderer Bedeutung für die beginnende Formung des tschechischen National- und Selbstgefühls war die erste »Česká beseda« (Tschechische Gesellschaft). Über den glanzvollen Ballabend im Februar 1840 berichtete Josef Kajetán Tyl: »Der festlich beleuchtete Saal des Konvikts war in den nationalen Farben geschmückt, und ehe die neunte Stunde geschlagen, drängten sich unter seiner Kuppel Scharen liebreizender Damen und Fräulein, promenierten an der Längsseite des Saals hohe Beamte, Offiziere, Professoren, ehrwürdige Veteranen unserer Literatur und auch ihre jüngeren Anhänger, geachtete Bürger mit wohlerzogenen Töchtern. Und ein Gefühl, ein Gedanke beherrschte Sinn und Herz! Überall wurde tschechisch gesprochen, zwanglos, aufrichtig.« – Jahrhundertsprung: Im selben Saal war zu Stummfilmzeiten ein beliebtes Kino, es hieß immer noch »Konvikt«. Und nach dem Zweiten Weltkrieg stellte der Multikünstler Jiří Trnka hier seine vielgeliebten Marionetten-Trickfilme her.

Ein kurzer Abstecher durch die Bartolomějská – vorbei am Polizeirevier, das schon in Jan Nerudas Krimiskizzen vorkommt und später, im Kommunismus, für die brutalen Verhöre gefürchtet war – führt zum Geburtshaus von Karolina Světlá (Nr. 22). Nach ihr ist die Straße benannt. Die Schriftstellerin, die sich auch in der Frauenrechtsbewegung engagierte, stammte aus der wohlhabenden Kaufmannsfamilie Rott (das mit Sgraffiti reichverzierte »Rott-Haus« steht am Kleinen Ring). Sie wählte den *nom de plume* »Karolina Světlá« aus Zuneigung zum Dorf Světlá im nordostböhmischen Bergland, der Heimat ihres Mannes. Diesem ländlichen Milieu widmete sie einige ihrer Romane und Erzählungen (darunter *Hubička*, »Das Küßchen«, die Vorlage für Smetanas gleichnamige heitere Oper).

In einem Eckhaus am Bethlehemplatz (Nr. 9) hatte Jan Neruda, der nach dem Tod seiner Mutter von der Kleinseite, wo er Kindheit und Jugend verbracht hatte, weggezogen war, ein Jahrzehnt lang eine höchst bescheidene Unterkunft: ein Zimmer in der Wohnung eines befreundeten Opernsängers.

Die Bethlehemkapelle, nach der der Platz benannt ist, wurde nach 1950 gänzlich rekonstruiert. Sie ist ein ehrwürdiges Hauptdenkmal der tschechischen Reformation. 1786 war sie niedergerissen worden, weil sie nach 1620 im Besitz der Jesuiten gewesen war. Die dreitausend Menschen fassende Kapelle mit der Kanzel als Mittelpunkt wurde Ende des 14. Jahrhunderts eigens für Predigten in tschechischer Sprache erbaut. 1402-1412 wirkte hier Jan Hus. Zuletzt war sie im Besitz der »Böhmischen Brüder«, bis diese nach 1620 vertrieben wurden. Die religiösen Schriften dieser im 15. Jahrhundert entstandenen Glaubensgemeinschaft, darunter eine Bibelübersetzung und das älteste tschechische Gesangbuch, sind wichtige Dokumente der frühen tschechischen Literatur.

Wie so viele Klöster in Böhmen (und in Österreich) wurde auch das Dominikanerinnenkloster am Annaplatz (Anenské náměstí 2) durch Kaiser Joseph II. aufgelöst (1782). Eine Druckerei etablierte sich darin, aus der 1835 die *Bohemia* hervorging. Die älteste und langlebigste Prager deutschsprachige Tageszeitung existierte ein Jahrhundert lang. 1938 gab sie auf. In der gleichfalls dort untergebrachten Redaktion des Blattes arbeitete Egon Kisch zu Beginn seiner journalistischen Laufbahn: »Die *Bohemia* war die führende Zeitung Böhmens geworden, und – ich muß es wohl oder übel aussprechen – ich hatte diese Entwicklung eingeleitet, und aller Lesestoff, soweit er nicht aus ausländischen Zeitungen ausgeschnitten war, stammte von mir.«

Benachbart am Anenské náměstí (Nr. 4) ist das Rokokopalais der Grafen Pachta von 1770, in dem häufig Gelehrte und Künstler zu Gast waren. Mozart, vom musikbesessenen Grafen freundlich überlistet, brachte zur Faschingszeit 1787 binnen einer Stunde hier seine *Sechs deutschen Tänze* KV 509 zu Papier. Später wurde es zu Wohnungen umgebaut – und hier wurde 1896 Johannes Urzidil geboren. Obwohl um einiges jünger, gehörte er zum engeren Kreis um Kafka, hat davon aber nicht viel Aufhebens gemacht. Er war als Herausgeber und Redakteur tätig, schrieb literatur- und kunsttheoretische Abhandlungen und arbeitete 1922 bis 1933 in der Presseabteilung der Deutschen Gesandtschaft in Prag. Er befaßte sich viel mit Goethe und arbeitete drei Jahrzehnte an einem grundlegenden Werk über *Goethe in Böhmen.*

Urzidils literarisches Werk ist nicht sehr umfangreich. Seine Erzählungen sind freilich der schönste Epilog zur Prager deutschen Literatur, vor allem *Die verlorene Geliebte* (1954/55) – eine Art Roman in elf Episoden, die um Verlieren und Wiederfinden kreisen. Biographisches ist auch genug dabei. Wer die Titelfigur ist, kann man erraten: Prag und die Heimat – diese Geliebte hat Urzidil freilich nicht wiedergefunden. Er floh 1939, lebte seit 1946 in den USA und starb 1970 auf einer Vortragsreise in Rom. Sein Heimatland hat er nie wieder gesehen. Ein Schicksal, das er wohl

Johannes Urzidil

mit allen Emigranten teilte, die den Umsturz 1989 nicht mehr erlebten. Voller Erinnerungen ist auch der schmale Band *Prager Triptychon* (1960), obschon er sich »Roman« nennt. Und da steht nun eine höchst hintergründige Bemerkung: »Es war immerhin günstig, daß der Knabe nicht in einem wohlbehüteten Großbürgerhaushalt« – wie etwa Werfel oder Brod – »und inmitten eines gesicherten Familienkreises mit Stubenmädchen und Gouvernante aufwuchs. Denn so kam er viel herum, niemand kümmerte sich um ihn, er wählte sich seine knäblichen Freunde und Feinde allerwärts, und es war ihm gleichgültig, ob sein Ball durch eine tschechische, deutsche, jüdische oder österreichisch-adlige Fensterscheibe hindurchflog. ›Ich bin hinternational‹, pflegte er zu sagen. *Hinter* den Nationen – nicht über- oder unterhalb – ließ sich leben.«

Urzidils tiefes, verehrungsvolles Kafka-Verständnis hinderte ihn nicht, eine zauberhafte kleine Groteske zu entwerfen: die Fiktion, Kafka wäre nach Amerika ausgewandert und beschlösse dort friedlich seine alten Tage in ungestörter Anonymität als Gärtner *(Kafkas Flucht)*.

Ein weiteres Gebäude am Annenplatz (Nr. 5) beherbergt seit etwa 1960 das kleine »Theater am Geländer« (Divadlo na zábradlí). Damals richteten sich junge Theaterleute in dem halbverfallenen Haus ein. Zwei Ensembles entstanden: die Pantomime, von Ladislav Fialka gegründet und zu enormem Erfolg geführt, und das Sprechtheater, das durch seinen Mut zum Experiment, seine Vorliebe für die Moderne des Existentialismus und des Absurden einen neuen, progressiven – und natürlich politisch unliebsamen – Akzent in die Prager Theaterlandschaft setzte. Jarry, Beckett und Ionesco wurden gespielt, eine Dramatisierung von Kafkas *Prozeß* und etliche Stücke von Václav Havel, der hier entscheidende Theatererfahrungen sammelte.

»Ja, es war für mich eine sehr wichtige Zeit, nicht nur weil die acht Jahre im Theater am Geländer eigentlich die einzige Zeit waren, in der ich mich vollständig dem Theater widmen konnte, sondern auch, weil diese Zeit mich als Theaterautor geformt hat. Meiner Arbeit habe ich mich mit fast törichter Begeisterung hingegeben, ich war von morgens bis abends im Theater, in der Nacht habe ich (mit Hilfe meiner Frau) Dekorationen angefertigt, es war

Kreuzherrenplatz und Altstädter Brückenturm

eine Art freudiger Rausch. Mit der Zeit beruhigte ich mich selbstverständlich und wurde sachlicher, trotzdem habe ich bis zum Jahre 1968, als ich das Theater verließ, mit ihm gelebt, sein Profil mitgeschaffen, mich völlig mit ihm identifiziert. Formell habe ich dort die unterschiedlichsten Funktionen gehabt, vom Kulissenschieber über Beleuchter, Sekretär, Lektor bis hin zum Dramaturgen. Welche Funktion ich aber in welchem Augenblick gerade hatte, war nicht entscheidend, häufig vertrat ich sie alle auf einmal: nachmittags vereinbarte ich Tourneen, abends beleuchtete ich eine Vorstellung, in der Nacht schrieb ich ein Stück um.«

Seit 1968, und dann erst recht seit dem Protest der »Charta 77«, an der er maßgeblich beteiligt war, wurde Havel permanent verfolgt: observiert, behindert, schikaniert, mit Publikationsverbot belegt, unter Hausarrest gestellt und inhaftiert. Am 29. Dezember 1989 wählte ihn das Parlament der wiedererstandenen Tschechoslowakischen Republik zum Staatspräsidenten.

An dem kleinen Kreuzherrenplatz [Křižovnické náměstí] am Fuß der Karlsbrücke setzt der prachtvolle Altstädter Brückenturm, erbaut um 1400 von der Dombauhütte der Parler, einen feierlichen Akzent in der »Via regia«, dem ehemaligen »Königsweg« vom Pulverturm, bei dem der mittelalterliche Königshof stand, durch die Altstadt und über die Moldau hinauf zum Hradschin in den St.-Veits-Dom, die Krönungskathedrale. Das Denkmal für Kaiser Karl IV. wurde 1848 von der Prager Universität zu ihrer Fünfhundertjahrfeier gestiftet. Es gab allerdings Spaßvögeln immer wieder Anlaß für weniger feierliche Gedanken, bietet es doch von einem bestimmten Blickwinkel aus einen lächerlich obszönen Anblick.

Rechts vom Brückenturm ist die Kirche des »Kreuzherrenordens mit dem Roten Stern«, der bis heute existiert und dessen Oberhaupt in Böhmen residiert. Carl Postl, ein Bauernsohn aus Südmähren, lebte in diesem Kreuzherren-Kloster. Er wurde Priester und Sekretär des Ordens. Aus nie recht geklärten Gründen setzte er sich 1823 über die Schweiz nach Nordamerika ab und begann unter dem Namen Charles Sealsfield zu schreiben. Die Identität des Autors wurde erst postum aufgedeckt. Er schrieb auf englisch und auf deutsch: landeskundliche und politisch-sozialkritische Berichte und Abenteuergeschichten – er war der erste deutsche literarische Entdecker Nordamerikas. Unstet bis an sein Lebensende (1864 in Solothurn), hielt er sich wechselweise in den USA und in Europa auf. Bereits 1826 wieder für ein Jahr in der alten Heimat, verfaßte Sealsfield/Postl einen höchst kritischen Bericht, der unter dem Titel *Austria as it is* 1828 in London erschien. Auf deutsch erschien er erst 1919, nach dem Ende des Habsburgerreichs, in Wien. Im Vorwort schreibt der ehemalige Ordenspriester unverblümt: »Ein so vollendeter und raffinierter Absolutismus, wie der österreichische, hat vielleicht noch niemals in irgend einem zivilisierten Land bestanden«, und im 3. Kapitel, das Prag gewidmet ist, heißt es: »Böhmen ist zweifellos die am meisten gequälte und wenigst geförderte Provinz in Österreich. (...) Ein Žižka hätte heute in Böhmen mindestens eine Million Anhänger.«

In der Salvatorkirche, dem Brückenturm gegenüber auf der anderen Straßenseite, wurde am 20. Mai 1884 das Requiem für Bedřich Smetana gelesen. Geistig umnachtet war er in der Landesirrenanstalt Prag mit sechzig Jahren gestorben. An seinem Todestag, dem 12. Mai, wird alljährlich das 1946 gegründete Musikfestival »Prager Frühling«

Blick auf Kleinseite und Hradschin

mit Smetanas sinfonischem Zyklus *Má vlast* (Mein Heimatland) eröffnet. Ein Smetana-Museum ist im Neurenaissance-Gebäude des ehemaligen Wasserwerks dicht neben der Brücke eingerichtet. Das zum 100. Todestag errichtete Denkmal präsentiert den Komponisten mit sinnendem Blick auf das Národní divadlo, die Stätte seiner größten Triumphe.

Der Smetana-Kai (Smetanovo nábřeží) – früher hieß er Franzenskai – zwischen Karlsbrücke und Nationaltheater wurde als die älteste Prager Uferpromenade bereits in den 1840er Jahren angelegt. In die kleine Parkanlage in der Mitte kam ein neugotisches, an mittelalterliche Brunnen erinnerndes Denkmal für Kaiser Franz I. (Die Figur des Habsburgers wurde 1918 entfernt, aber nicht zerstört, und seit kurzem hat sie ihren alten Platz wieder eingenommen.)

Über eine kleine Brücke nach dem Nationaltheater kommt man auf die Sophieninsel, benannt nach der Mutter Kaiser Franz Josephs. 1918 wurde auch hier, wie in ganz Prag, die Erinnerung an Habsburg durch diejenige an nationale Geschichte ersetzt: der neue Name »Slovanský ostrov« [Slawische Insel] gedenkt des »Slawischen Kongresses«. Anfang Juni im Revolutionsjahr 1848 wurde er von dem Historiker und Politiker František Palacký einberufen und geleitet. Er fand im Kasino auf der Sophieninsel statt. Die Versammlung von über dreihundert Delegierten (größtenteils Tschechen und Slowaken, aber auch Polen, Ukrainer, Südslawen sowie zwei Beobachter aus Rußland, der eine war der Anarchist Michail Bakunin) forderte die Umwandlung des Kaiserreichs in einen Bund gleichberechtigter Völker. Noch bevor eine Resolution verabschiedet werden konnte, brach auch in Prag – beflügelt von den erneuten Unruhen in Wien Ende Mai – ein allgemeiner Aufstand aus. Er wurde mit militärischer Gewalt niedergeschlagen, so wie es dann auch im Oktober in Wien geschah und, weitaus brutaler noch, im Folgejahr 1849 in Ungarn. Bakunin konnte aus Prag nach Dresden fliehen und wurde dort mit Richard Wagner bekannt.

Der große Saal des Kasinos war ein kulturelles Zentrum des alten Prag. Hier wurden auch festliche Bälle und große Konzerte veranstaltet. Hector Berlioz, der Repräsentant der damals revolutionären romantischen Musik Frankreichs, dirigierte 1846 in sechs »Komponistenkonzerten« eigene Orchesterwerke. Im selben Jahr trat Franz Liszt hier auf. 1882 geriet die erste Aufführung des ganzen sechsteiligen Zyklus *Má vlast* zu einem Triumph für den bereits ganz ertaubten Smetana und für das tschechische Nationalbewußtsein. (Das Datum liegt genau zwischen der ersten, 1881, und der – nach dem Branddesaster – zweiten Einweihung des Národní divadlo 1883.) Vor allem war die Sophieninsel ein Ort allgemeinen Vergnügens; es gab da im Sommer auch eine Badeanstalt, die »Schwimmschule«. Kafka, ein geübter Schwimmer und Ruderer und ja überhaupt auf körperliche Gesundheit sehr bedacht, suchte sie gerne auf. In einem Brief an Milena Jesenská schildert der Siebenunddreißigjährige in stolzer Ausführlichkeit, wie ein Schwimmeister ihn für einen kräftigen Jungen gehalten habe, der sich durch Ruderdienste ein Trinkgeld verdienen könne.

Das seinerzeit international gerühmte konstruktivistische Gebäude, das das Südende der Insel mit dem Kai verbindet, wurde 1930 für »Mánes« erbaut. Dieser Verein bildender Künstler existierte seit 1887 (und wurde benannt nach dem großen tschechischen Maler Josef Mánes). Die

Gesellschaft organisierte mehrmals wichtige Ausstellungen, die Prag mit der zeitgenössischen Malerei Frankreichs und Deutschlands bekannt machte.

Daneben steht noch ein Wasserturm aus dem 15. Jahrhundert; in seiner Spitze richtete 1977, im Zusammenhang mit der »Charta 77«, die Staatssicherheit ein Stübchen ein, um von da aus die Besucher von Václav Havel zu kontrollieren, der gegenüber am Kai seine Wohnung hatte (nämlich einen Rest der ehemals großbürgerlichen Familienwohnung – Havels »bourgeoise« Herkunft aus einer Unternehmerfamilie machte ihn den Kommunisten sowieso höchst suspekt).

Die Uferstraße (Masarykovo nábřeží) ist gesäumt von repräsentativen, mit individuellen Fassaden protzenden Wohnpalästen der Jahrhundertwende. Im Haus Nr. 8, Geschenk eines Fabrikanten an den tschechischen Schriftstellerverein »Svatobor«, wohnte Paul Claudel während seiner Amtszeit als französischer Generalkonsul in Prag 1909-1911. Der junge Willy Haas war tief von ihm beeindruckt: Claudel wurde für ihn – neben Hofmannsthal – sein »zweiter König des Traums«.

»In Hofmannsthal war alles Klarheit, Anmut, zarte, feste Umrisse, die helle Zauberluft der Toskana oder das Gold in der Luft Venedigs. In Claudel war alles Rausch, Pathos, Zorn, Sinnlichkeit, Zerknirschung, Ekstase. (…)

Der donnernde majestätische Strom seiner breiten Verse erstickte mich fast. (…)

Claudel paßte in das barocke Prag wie kein anderer – nicht ohne Grund hat er die Barockheiligen Prags später wieder und wieder besungen. Er war für mich das Gegenstück und die Ergänzung Kafkas: das Prag Kafkas war das dunkle, dämmerige, obskure alte Prag, das Prag der deklas-

Das Prager Jesulein

sierten, nach Leder riechenden Palasthöfe, der Dachböden, Rumpelkammern und der suspekten Veranden, über denen die feuchte Wäsche auf Leinen aufgehängt war: hier tagten seine sonderbaren Gerichtshöfe, die über eine undefinierbare, aber sehr konkrete Schuld Gericht abhielten. Claudel aber war das ekstatische Prag über alle diesem, das Prag der pathetischen Heiligen und Märtyrer auf der alten steinernen Brücke und in den vielen Barockkirchen, die Stadt des Märtyrerblutes gemischt mit Weihrauch.«

In Claudels Gedichtzyklus *Corona benignitatis anni Dei*, in Prag geschrieben, stehen auch Gedichte auf drei böhmische Heilige – Wenzel, Ludmila, Nepomuk – und auf das »Prager Jesulein«.

Das Prager Jesuskind

Dezember. Die große Welt ist sicher tot. Es schneit
                          noch immer.
Wie wohlig aber, mein Gott, dieses kleine Zimmer.
Das Kamin voll rötlich schimmernder Kohlen
Färbt mit schläfrigem Widerscheine die Bohlen.
Kein Laut, nur das Wasser kocht ganz leise noch fort.
Oben, über den beiden Betten, auf dem hölzernen Bord,
Unter der gläsernen Glocke, das Haupt von
                        der Krone bedeckt,
Die Welt in der einen Hand, die andere ausgestreckt,
Jedes Kind zu empfangen, das sich befiehlt seiner Hut,
Fürstlich unter dem ungeheuren, goldigen Hut,
Allerliebst im feierlich steifen Mantel-Verschlag
Thront und waltet das Jesuskindlein von Prag.
Vor den Gluten, die es beleuchten, liegt es allein,
Klein und verborgen wie das Brot im heiligen Schrein,

So hütet das Gotteskind seine Brüderchen bis zum Tag.
Ungehörter noch als der Atem entweicht,
Füllt seine ewige Gegenwart die Kammer und gleicht
All diesen armen schuldlosen Dingen voll Einfalt.
Er ist bei uns, er gebietet dem Bösen Einhalt.
So darf man schlafen; Jesus, unser Bruder, wird wachen.
Er gehört uns, aber auch diese schönen Sachen:
Die herrliche Puppe und das Pferdchen aus Holz ist dabei,
Und das Schäfchen: in der Ecke liegen die drei.
Wir schlafen, aber all diese guten Dinge gehören uns doch.
Der Vorhang ist zu ... Weit weg, irgendwo noch
In der Nacht, im Schnee, hat eine Art von Stunde getickt.
Das Kind im warmen Bettchen versteht beglückt:
Es schläft, und einer ist nah, der es mag.
Es regt sich ein wenig, murmelt vag,
Rückt einen Arm ans Gesicht,
Möchte erwachen und kann doch nicht.

(Deutsch von Hans-Urs v. Balthasar)

In Nr. 12 wohnte jahrzehntelang der Komponist Vítězslav
Novák, der zusammen mit Josef Suk die große tschechische Spätromantik repräsentiert. Beide hatten bei Dvořák
studiert. Auch Nr. 16 hat mit Musik zu tun: das Haus wurde 1905 errichtet für den national-tschechischen Gesangsverein »Hlahol« (Klang). Das gleichzeitige Haus Nr. 32
mit seinem spektakulären Eckgiebel war ursprünglich Sitz
einer Versicherung, im Kommunismus residierte hier die
DDR-Botschaft, seit 1991 beherbergt es das neueröffnete
Goethe-Institut Prag.

Kurz vor dem Nationaltheater kann man noch in die
Ostrovní hineinschauen: In Nr. 2 lebte der Maler Vojtěch
Hynais, jeder Besucher des Nationaltheaters kennt den

von ihm gestalteten schönen Bühnenvorhang. In Nr. 1 auf der anderen Seite wohnte der Komponist Zdeněk Fibich. Das Haus fiel jedoch den (ästhetisch fragwürdigen) Opern-Neubauten der 70er Jahre zum Opfer. In seinem gar nicht langen Leben – er starb 1900 im Alter von fünfzig – schrieb Fibich verblüffend viel: unter anderem eine Art Tagebuch seiner großen Liebe über Hunderte von unerheblichen Klavierstücken hinweg, aber auch die ersten Symphonischen Dichtungen mit national-tschechischen Sujets (noch vor Smetana) und, ein erratischer Block in der ganzen Musikgeschichte, eine ausgewachsene Melodramen-Trilogie auf Texte von Jaroslav Vrchlický nach altgriechischen Klassikern.

Von der Brücke aus ist gut zu erkennen, wie das Národní divadlo aus einem Vorgängerbau sozusagen herauswuchs, nämlich aus dem bescheidenen »Königlich böhmischen Landes-Interimstheater« (das ist der noch bestehende ältere Gebäudeteil moldauaufwärts). In diesem ersten tschechisch ausgerichteten Prager Theater, 1862 natürlich als Gegenstück zum deutschen Ständetheater errichtet, wurde 1866 Smetanas *Verkaufte Braut* uraufgeführt. Smetana und die Politiker František Palacký und František Ladislav Rieger trieben das Projekt eines großen Nationaltheaters unermüdlich voran. Am 16. Mai 1868, dem Feiertag des Nationalheiligen Nepomuk, wurde der Grundstein gelegt. 1881 war das Gebäude fertig, ein Werk des renommierten tschechischen Architekten Josef Zítek. Es wurde in Gegenwart des Thronfolgers Erzherzog Rudolph mit Smetanas *Libuše* eingeweiht, brannte kurz darauf infolge der Nachlässigkeit von Handwerkern völlig nieder, wurde wieder aufgebaut und im November 1883 neueröffnet, wieder mit *Libuše*. Ein Nationaltheater auch im ganz konkreten

Sinn: Bau und Wiederaufbau finanzierten sich aus Spenden der ganzen tschechischen Bevölkerung – daher prangt über dem Bühnenportal das stolze Motto, in großen Goldlettern: »Národ sobě!« (Die Nation für sich selbst!)

»Als der große Mime Norinski um drei Uhr nachmittags in das National-Café, welches vor dem Prager tschechischen Theater liegt, eintrat, erschrak er ein wenig, lächelte aber gleich darauf sein verächtlichstes Lächeln: in dem Spiegel, schräg gegenüber der Tür, hatte sich irgendeine entfernte Ecke des Saales gefangen, und er hatte drinnen eine schiefe Marmorsäule und unter dieser Säule einen kleinen, buckligen Mann erkannt, dessen seltsame Augen dem Eintretenden wie lauernd aus einem unförmigen Kopfe entgegenstarrten. Das Fremde dieses Blickes, in dessen Tiefen irgendein unerhörtes Geschehen sich dunkel zu spiegeln schien, hatte ihn einen Augenblick in Schrecken versetzt. Nicht etwa, weil er besonders furchtsamer Natur gewesen wäre, sondern infolge des profunden und versonnenen Wesens, welches so großen Künstlern meistens eignet und durch dessen Wall sich jedes Ereignis gleichsam durchbohren muß. Dem Original gegenüber empfand Norinski nichts Ähnliches. Er übersah den Verwachsenen sogar eine ganze Weile, während er mit unnötiger Wichtigkeit den andern am Stammtisch die Hand reichte.

Die Händedrücke nahmen eine ziemliche Zeit in Anspruch, denn jeder hatte gleichsam drei Akte. (...) Endlich schien Norinski auch den Buckligen zu bemerken. Er lachte: ›König Bohusch!‹ und streckte mit ironischem ›Majestät‹ die Hand über den Marmortisch. Der Kleine fuhr auf und schickte ihm, um die Mimenhand nicht warten zu lassen, überhastig seine gelben unreifen Finger entgegen, so daß sich die beiden Hände wie Vögel in der Luft hasch-

Nationaltheater

ten. Dem Bohusch kam das ziemlich drollig vor, und er ließ ein zitterndes, zerbrochenes Lachen hören, das er ängstlich unterbrach, als er bemerkte, wie die Blatternarben auf Norinskis Stirne sich unter ärgerlichen Falten versteckten.«

So führt Rainer Maria Rilke die Titelfigur der ersten seiner *Zwei Prager Geschichten* ein, den unglückseligen zwergenhaft verwachsenen Portierssohn von der Kleinseite, der in eine tschechisch-nationalistische Verschwörung hineingezogen wird und ums Leben kommt. Die Lokalität hier ist natürlich das berühmte Café Slavia, gegenüber dem Národní divadlo im ausladenden Palais Lažanský, übers Eck mit den großen Fenstern zum Theater und vor allem über die Moldau zum Hradschin – das schönstgelegene aller Prager Kaffeehäuser. (Vor einigen Jahren wurde es modernisiert wiedereröffnet; das alte Inventar ist verschwunden, erst recht die künstlerisch-intellektuelle Atmosphäre, die noch zu kommunistischen Zeiten dominiert hatte.)

In seinem wundervollen Erinnerungsbuch *Alle Schönheiten der Welt*, in dem die ganze so überreiche literarische und künstlerische Prager Atmosphäre der ersten Republik anschaulich lebendig wird, hat Jaroslav Seifert eine der vielen Skizzen »Am Fenster des Kaffeehauses Slavia« überschrieben:

»Ich erinnere mich nicht mehr, was uns gelegentlich bewog, die angenehme und gastliche Národní kavárna zu verlassen und ihre verräucherte Atmosphäre gegen den Qualm und den Mief des alten Slavia an der Ecke gegenüber dem Nationaltheater einzutauschen, in dem Schauspieler verkehrten. Dort saßen wir an einem Fenster zur Uferstraße und tranken Absinth. Das war ein wenig Koketterie mit Paris. (...)

Unter den Bäumen längs des Eisengeländers an der Moldau pflegte man damals zu promenieren. Gegen Abend, vor allem aber am Sonntagvormittag. Einst gingen dort die Schauspieler vom Nationaltheater spazieren. Wir trafen aber nur noch den alten Herrn Krössing mit seinem eindrucksvollen hohen und steifen Zylinder. Niemand sonst in Prag trug noch so einen eigentümlichen Hut.

Im Winter lichtete sich der Korso zwar auffallend, aber die Brüder Čapek promenierten dort, selbst wenn es schneite. Beide mit Melone, dem gleichen bunten Schal um den Hals, gelben Handschuhen und einem Bambusstock. Sie fielen auf, und genau das wollten sie offenbar. Sie flanierten schweigend. Manchmal schloß sich ihnen ein kleiner, lebhafter Mann mit Nickelbrille an, der heftig gestikulierte. Alleweile blieb er stehen, als wollte er über die beiden Brüder herfallen. Das war seine temperamentvolle Art, sich zu unterhalten. Es war der Maler Václav Špála. Dann mußten die beiden ihre stumme Promenade unterbrechen. Mitunter gesellte sich Jan Zrzavý hinzu, ein andermal, die Hände auf dem Rücken, der ernste und untersetzte Architekt Hofman. (...)

Es kamen schlimme Zeiten. Für Karel Čapek brach die Welt zusammen. Karel war zerbrechlich, subtiler als Josef. Vergebens drängten Bekannte ihn, nach England zu reisen. Sicherlich hatten sie recht, als sie ihm versicherten, der Tschechoslowakei würde er in London mehr nützen als in Prag. Er lehnte es ab zu emigrieren und gab den Kampf um sein Leben wohl auf. Kurz vor der Okkupation starb er. Dann nahm die Gestapo seinen Bruder fest.«

Als Lyriker, der Seifert vor allem war – 1984, kurz vor seinem Tod, als erster (und bisher einziger) Tscheche mit dem Literaturnobelpreis geehrt –, beeinflußte ihn früh die französische Moderne, Guillaume Apollinaire vor allem. Überhaupt war ja Paris das große Vorbild für die tschechische Poesie (und für die Malerei ebenso!); Apollinaire, der Prag zweimal besuchte, 1902 und 1913, war für die jungen tschechischen Dichter eine Kultfigur, wie es für ihre deutschen Kollegen Detlev von Liliencron war. Apollinaire und dem Café Slavia schenkte Seifert noch Jahrzehnte später ein lyrisches Gedenken:

Von der Uferstraße durch eine Geheimtür
aus so klarem Glas,
daß sie fast unsichtbar ist,
                    und deren Angeln
geschmiert sind mit Rosenöl,
pflegte Guillaume Apollinaire einst einzutreten.

Er trug noch den Kopfverband aus dem Krieg.
Er setzte sich zu uns
                    und las brutal schöne Verse,
die Karel Teige sofort übersetzte.

Dem Dichter zu Ehren
                    wurde Absinth getrunken,
der grüner
                    als alles Grüne ist,
und wenn wir von unserem Tisch aus dem Fenster blickten,
floß die Seine unter dem Kai.
                    Ach ja, die Seine!
Breitbeinig, ganz in der Nähe
erhob sich der Eiffelturm.

Einmal kam Nezval mit schwarzer Melone.
Damals ahnten wir nicht,
                    ebensowenig wie er,
daß Apollinaire die gleiche getragen hatte,
als er sich in die schöne
Louise de Coligny-Châtillon verliebte.
Er nannte sie Lou.

(Deutsch von Annemarie Bostroem)

Nach dem Ersten Weltkrieg entstand in Prag eine poeti-
sche Bewegung, ähnlich und zeitgleich dem Pariser Surrealismus: der »Poetismus« der Gruppe »Devětsil«. Ihr Name
leitet sich von einer Heilpflanze (*devětsil*, wörtlich Neun-
Kraft, auf deutsch heißt sie Pestwurz) ab, zugleich von
der »Neun« (*devět*), weil es anfangs neun Künstler waren.
Der Devětsil formiert sich im Herbst 1920. Die Anführer,
alle drei erst Zwanzigjährige, sind die Dichter Vítězslav
Nezval und Jaroslav Seifert sowie der Künstler, Schriftsteller, Kunst- und Architekturtheoretiker Karel Teige. 1922
treten sie – übrigens politisch genauso radikal links wie
Breton und Aragon in Paris – mit einer ersten Anthologie
an die Öffentlichkeit. Im selben Jahr knüpft Teige in Paris
künstlerische Kontakte. (Das war also alles schon kurz
vor der Proklamation des Pariser Surrealismus. Zu einer
offiziellen Angleichung ist es erst ein Jahrzehnt später gekommen, mit der Gründung der »Surrealistischen Gruppe
Prag« 1934.) In einem *Manifest des Poetismus*, das selber mehr ein poetischer Text ist denn ein Traktat, plädiert
Teige 1924 für eine neue Dichtung, die dem »Reichtum der
Gefühle, der Weite der Sensibilität« entspringt; »das Ge-
fühlsleben, die Freude, die Phantasie zu retten und zu er-
neuern« sei der Poetismus angetreten.

Dem Surrealismus öffneten sich auch die Prager Theater, vor allem natürlich das experimentierfreudige Osvobozené divadlo. So präsentierte Teige 1926 *Les mamelles de Tirésias* von Apollinaire; Jindřich Honzl, der nachmalige Regisseur von Martinůs *Julietta*, inszenierte 1926 und 1929 Stücke von Ribemont-Dessaignes; Jiří Frejka, der andere bedeutende Prager Regisseur jener Jahre, brachte 1932 Georges Neveux' *Juliette* auf die Studiobühne des Tyl-Theaters, mit dem berühmten Eduard Kohout in der Hauptrolle und mit Bühnenmusik von dem Multikünstler Miroslav Ponc.

Bohuslav Martinů darf man wohl den letzten der großen tschechischen Komponisten nennen. Ihm gelang es mit einer traumhaften Sicherheit, den »böhmischen Tonfall« in die moderne Tonsprache bruchlos einzubinden. Er lebte seit 1923 in Paris (bis zur Emigration 1940), war aber bis 1939 jedes Jahr auch wieder in seiner Heimat. Er ist sozusagen die künstlerische Verbindung Prag-Paris in Person. Auch Martinů hat eine ausgeprägte Neigung zu einem traumhaft-phantastischen Surrealismus; 1936/37 komponiert er Neveux' *Juliette* als tschechische Oper – *Julietta* ist *die* Oper des Surrealismus (des echten, poetischen Surrealismus im ursprünglichen Geiste Bretons). Mit glänzendem Erfolg wurde sie am 15. März 1938 unter der Leitung von Václav Talich am Národní divadlo uraufgeführt – ein Schlußfeuerwerk der Prager Kultur der Ersten Republik, genau ein Jahr vor dem Einmarsch der deutschen Besatzer.

Dritter Spaziergang:
Judenstadt

Die Judenstadt lag in einem Sektor, dessen Begrenzungslinie ungefähr den heutigen Straßen Dušní – 17. listopadu – Kaprova entspricht. Wie sie zuletzt ausgesehen hat, vor ihrer weitgehenden Zerstörung und Neubebauung, veranschaulicht man sich am besten an dem zwanzig Quadratmeter großen Prager Stadtmodell, das Anton Langweil um 1830 in jahrelanger Freizeitarbeit – er war Diener in der Universitätsbibliothek – mit akribischer Detailtreue angefertigt hat (im »Museum der Hauptstadt Prag« bei der Metrostation »Florenc«). Es präsentiert den Zustand nach dem Ghetto-Großbrand von 1754, der zwei Drittel der Häuser vernichtet hatte, und dem darauffolgenden raschen Neuaufbau. (Das einzige noch existierende Gebäude, das von diesem Wiederaufbau zeugt, ist der schöne Rokoko-Bau des Rathauses mit den berühmten zwei Uhren, der gewöhnlichen und der linksdrehenden jüdischen.) Schon vor diesem Langweilschen Modellbau, um 1820, war das letzte der alten Ghetto-Tore gefallen; und bald danach traten einschneidende Änderungen ein: 1849 erhielt das Judenviertel unter dem Namen Josefstadt/Josefov – zu Ehren des aufklärerischen Kaisers Joseph II., der die Judenemanzipation vorangetrieben hatte – den Rang eines Stadtviertels, seit 1852 hatten die Juden das Recht freier Wohnungswahl in ganz Prag, 1867 erfolgte dann ihre völlige bürgerrechtliche Gleichstellung. Wer konnte, zog aus dem unvorstellbar engbebauten, lichtlosen, übervölkerten und wegen miserabler hygienischer Verhältnisse gefürchteten Ghetto fort; zurück blieben die Ärmsten. Die nichtjüdische Unterschicht zog in die verfallenden Häuser. Der Anteil der jüdischen Bevölkerung lag um 1850 noch bei etwa vier Fünfteln, um 1890 nur noch bei einem Fünftel.

Bereits 1856 begannen Diskussionen über eine Sanierung (*asanace*) des Quartiers. 1893 wurde sie per Gesetz beschlossen und dann innerhalb zweier Jahrzehnte, 1896-1917, durchgeführt: als radikaler Abriß und Neugestaltung, mit dem Prachtboulevard der Pařižská (anfangs: Niklasstraße) als neugezogener Hauptachse vom Altstädter Ring zur Moldau und mit der neuen Čech-Brücke von 1908. Erhalten blieben sechs der ehemals neun Synagogen, das Rathaus und der (allerdings verkleinerte) Friedhof, aber nur vier der alten Straßenzüge (Široká, Kaprova, Dušní und Maislova). Abgerissen wurden auch einige christliche Bauten, etwa das Kloster der Niklaskirche, und Wohnhäuser an der Nordseite des Rings. Und nicht zu vergessen ist dabei, daß um 1880 mit repräsentativen Bauten am Moldauufer begonnen wurde, die das dahinter liegende Ghetto erst recht verkommen aussehen ließen: Rudolfinum, Kunstgewerbe-Hochschule, Kunstgewerbemuseum.

Die von der Moderne wegsanierte Judenstadt ersetzte der Mythos. Bis heute wirksam (und offensichtlich auch umsatzfördernd) ist das Klischee vom dämonischen – oder wahlweise: geheimnisvollen, mysteriösen, magischen usw. – Prag, einer spukhaften Stadt, in der es normal sei, daß es nicht mit rechten Dingen zugehe, und das eigentliche Zentrum dieses magischen Prags sei die verschwundene Judenstadt. Jeder Tourist sieht seine Vorurteile bestätigt, wenn er wieder einmal etwas »kafkaesk« findet, und der imaginäre Schatten des Golem läßt ihn erschauern. Peter Demetz, der aus Prag stammende Literaturwissenschaftler (sein Vater war Dramaturg am Ständetheater gewesen), ein profun-

Altneusynagoge und Jüdisches Rathaus um 1900

der Kenner der Geschichte und der Literaturen Böhmens, meint hierzu trocken ironisch:

»Das Historische der Stadt in allen Ehren, aber zwei schmutzige Hinterhöfe sind noch nichts Magisches oder Mystisches, im Prager ›Alchemistengäßchen‹ lebten redliche Lakaien, Leibjäger und Kammerdiener, und dem Rabbi Löw, einem großen Ethiker und Widersacher praxisfremder Gelehrsamkeit, dichtete man den Golem erst zweihundert Jahre nach seinem Tode an, weil ein guter Rabbi einen Golem brauchte und weil spätere Prager jüdische Sektierer ihn unbedingt zu den Ihren rechnen wollten – so ungefähr, wie ihn Paul Wegeners Filme vor Augen führen. In den mittelrheinischen Klöstern des Mittelalters lebten mehr Mystiker als in Prag.«

Die deutschen Prager Schriftsteller zeigen eine markante Vorliebe für ein mysteriös nostalgisches, gespenstisches Prag-Bild – vielleicht, weil sie einerseits im Versinken der alten Welt des Ghettos ihr eigenes Los vorgebildet spürten, den allmählichen Untergang nämlich dieser ihrer Sprach- und Kulturinsel inmitten einer sich radikal modernisierenden, immer stärker tschechisch geprägten Stadt (mit Demetz' pointierter Formulierung: »eine modernisierte Stadt und eine Literatur der Gespenster«). Andererseits hob die mysteriöse Verbrämung die Erinnerung in rückhaltgewährende höhere Sphären. Selbst Kafka, der sich doch so sehr von allen und allem abhebt, sagte (den aus seinen letzten Lebensjahren datierenden *Gesprächen* mit Gustav Janouch zufolge):

»In uns leben noch immer die dunklen Winkel, geheimnisvollen Gänge, blinden Fenster, schmutzigen Höfe, lärmenden Kneipen und verschlossenen Gasthäuser. Wir gehen durch die breiten Straßen der neuerbauten Stadt. Doch unsere Schritte und Blicke sind unsicher. Innerlich zittern wir noch so wie in den alten Gassen des Elends. Unser Herz weiß noch nichts von der durchgeführten Assanierung. Die ungesunde alte Judenstadt in uns ist viel wirklicher als die hygienische neue Stadt um uns. Wachend gehen wir durch einen Traum: selbst nur ein Spuk vergangener Zeiten.«

Das düster Geheimnisvolle dieses Prag-Bildes streichen die heute noch bekannten zahlreichen Buchillustrationen von Hugo Steiner-Prag effektvoll heraus. Dieselbe Atmosphäre hat Paul Leppin immer wieder beschworen, einer der wenigen deutschen Prager Dichter, die weder Prag verlassen hatten noch gewaltsam ums Leben kamen (Leppin war Nichtjude); er starb, tief melancholisch geworden und literarisch längst im Abseits, in seiner Stadt kurz vor Kriegsende an den Spätfolgen der Syphilis. Er hatte sich in seinen ausschweifenden Jugendjahren als – mit seinen Worten – »ungekrönter König der Prager Boheme« infiziert. Beklemmend unheimliche Stimmungen, prall von schwüler Erotik und absonderlichen Situationen, gestaltet sein damals aufsehenerregender Roman *Severins Gang in die Finsternis* (1914). Aus derselben Zeit stammt die Erzählung *Das Gespenst der Judenstadt*, die expressionistisch aufgeheizte Geschichte einer Ghettodirne aus der Zeit der *asanace*.

Der berühmteste, bis heute nicht vergessene Roman über die magisch-dämonische Judenstadt, *Der Golem* (1915) – ein Meisterwerk der phantastischen Literatur, das die alte jüdische Sage von dem aus Lehm geformten Ungeheuer in eine ausschweifende Traumgeschichte bettet –, entstand fern von Prag, im idyllischen Starnberg. Gustav Meyrink, als Meyer in Wien geboren und nichtjüdischer Herkunft, war, wie Leppin, im Prag der Jahrhundertwende eine exzentrische Figur der Boheme. Er betrieb am Wenzelsplatz eine

Der Alte Jüdische Friedhof

Wechselstube; bereits 1904 verließ er die Stadt, verwickelt in Skandale und Intrigen. Später schrieb er rückblickend: »Wenn mich jemand fragte: Würden Sie gern wieder in Prag leben? – so antworte ich: Ja, aber nur in der Erinnerung; in Wirklichkeit nicht eine Stunde. Oft des nachts träume ich von Prag und seinem unheimlichen, dämonischen Zauber; dann, wenn ich erwache, ist mir, als sei ich von einem Albtraum befreit. Seit ich Prag verlassen habe, lebe ich, zwei Jahre in Wien nicht gerechnet, in Deutschland und habe viele deutsche Städte gesehen – auch solche, die schöne mittelalterliche Bauten tragen wie Prag und eine ähnliche blutige Vergangenheit haben; in keiner jedoch schwingt jene unfaßbar merkwürdige Stimmung. Sie sind – desinfiziert und man geht in ihnen herum wie in langweiligen Museen.«

»Im fünfzehner Jahr, in den Waldkarpaten, habe ich den Mann gesprochen, der mir zum ersten Male davon gesagt hatte, daß der Golem noch vorhanden sei. Nicht nur die Lehmfigur, die der hohe Rabbi Löw geformt hatte, sondern auch der ›Schem‹, die Kapsel mit dem Wort, das der Statue Leben gab.« Und Egon Kisch geht diesem angeblichen Mysterium natürlich nach: »Dem Golem auf der Spur« (in der Sammlung *Der rasende Reporter* von 1925) erklettert er den Dachstuhl der Altneusynagoge:

»Über die ganze Breitseite spannt sich eine Eisenstrebe; eine Leiter, durch eine Eisenklammer befestigt, führt neun Meter hoch, zum Kamm des Daches; ein altes Kaminrohr, Ziegel liegen herum; ein toter Vogel, der hier einsam starb, sonst etwas Geröll; Schwämme wuchern in grotesken Formen auf dem Gebälk. Eine Fledermaus hängt kopfabwärts an einem Balken. Ich habe bisher noch nie eine hängende Fledermaus gesehen.

Zwischen den tiefen Senkungen der aneinanderstoßenden Wölbungen oberhalb der Widerlager ist Schotter, fest seit Jahrhunderten. Wenn dort die Lehmfigur des hohen Rabbi Löw begraben ist, so ist sie es bis zum Jüngsten Tage. Wollte man sie exhumieren, so stürzte das Gotteshaus ein.

Die Begräbnisstätte wäre gut gewählt. Das ist wahrlich ein Raum, bei Mondlicht den Golem zu erschaffen und den Golem zu bestatten! Das ist wahrlich ein Raum für Mystagogen und Alchimisten!

Die Fledermaus scheint zu schaukeln. Wenn Fledermäuse erwachen, sollen sie sich im Menschenhaar verfangen, erzählt man. Es ist unheimlich hier.

Noch einen Blick: Der Golem ist nicht da.

Ich trete in die Nische hinaus, die Türe halb hinter mir schließend, und schwinge mich auf die eisernen Sprossen, dann ziehe ich die Türe zu, sperre ab und klettere hinunter. Die Zahl der Neugierigen hat sich erhöht; zwei Polizisten haben Mühe, den Verkehr aufrechtzuerhalten. Bekannte sind in der Menge, die mich fragen: ›No, haben Sie den Golem?‹«

Spürt man sogar noch beim abgebrühten Reporter Kisch einen Rest religiösen Schauderns vor der unheimlichen Golem-Legende, so liest die sich bei Detlev von Liliencron wie ein treuherziger Schwank aus alter Zeit:

Der Golem

> Prag, das alte sagenreiche,
> Barg schon viele Menschenweisheit,
> Barg schon viele Menschentorheit,
> Auch den hohen Rabbi Löw.

Rabbi Löw war sehr zu Hause
In den Künsten, Wissenschaften,
Und besonders in der schwarzen,
In der schweren Kabbala.

So erschuf er einen Golem,
Einen Holzgeschnitzten Menschen,
Tat belebend in den Mund ihm
Einen Zauberspruch: den Schem.

Unverdrossen, als sein Diener,
Muß der Golem fegen, kochen,
Kinder wiegen, Fenster putzen,
Stiefel wichsen und so fort.

Nur am Sabbat darf er rasten;
Nahm ihm dann der hohe Rabbi
Aus dem Mund den Zauberzettel,
Stand er stockstill augenblicks.

Und so geht es weiter, ein bißchen wie beim *Zauberlehr-
ling*, und schließt mit der Moral von der Geschicht:

Nicht noch einmal hat der Rabbi
Einen Golem sich geschnitzelt,
Jede Lust war ihm vergangen:
Allzuklug ist manchmal dumm.

In der Břehova, einer nach der Sanierung entstandenen Straße hinter Altem Friedhof und Rudolfinum, in einem schönen Jugendstilhaus (Nr. 8), wohnte fündundzwanzig Jahre
lang Max Brod, bis zu seiner Ausreise gerade einen Tag vor

Illustration von Hugo Steiner-Prag zu
Gustav Meyrinks »Der Golem«

der deutschen Okkupation. Brod lebte dann in Israel und schrieb bis an sein Lebensende in Deutsch, zuletzt noch seine Autobiographie *Streitbares Leben*. Wie sein Freund Kafka war er promovierter Jurist. Brod bestritt lange Jahre seinen Unterhalt mit entsprechenden – ungeliebten – Tätigkeiten bei der Post und bei einer Versicherung, bis er 1924 Theater- und Musikkritiker am *Prager Tagblatt* wurde – und gleichzeitig Kulturreferent in der Staatsregierung.

Brod ist die vielleicht interessanteste Persönlichkeit des literarischen Lebens jener Epoche: ein außerordentlich produktiver und vielseitiger Schriftsteller und Kritiker; ein professionell ausgebildeter Musiker; schließlich und am nachhaltigsten wirksam als ein neugieriger Entdecker und tatkräftiger Förderer. Dem jungen Franz Werfel verhalf Brod zu ersten Publikationserfolgen als Lyriker. Er engagierte sich für Hašeks *Švejk*, gab den Anstoß zu seiner deutschen Übersetzung (Grete Reiner, 1928) und schrieb selbst eine Dramatisierung. Für Leoš Janáček, den eigensinnigen mährischen Komponisten, dessen Schaffen, insbesondere die Oper *Jenůfa* (Brünn 1904), in Prag lange hartnäckig ignoriert wurde, hat Brod sich so lange eingesetzt, bis diese Oper endlich 1916 in Prag und 1918 in Wien und Köln auf die Bühne kam und von da an zum großen Repertoire zählte. Schließlich folgte die Freundestat für Kafka, dessen drei Romane – den einzigen vollendeten (*Der Prozeß*), den unvollendeten (*Das Schloß*) und den fragmentarischen (*Amerika*) – Brod aus dem Nachlaß veröffentlicht hat, Kafkas Wunsch (der freilich nicht von testamentarischem Rang war) sich widersetzend, alles Unpublizierte möge verbrannt werden. Was würden wir ohne Brod von Kafka kennen? Gedruckt waren zu Lebzeiten lediglich einige Erzählungen, und ihre Kenntnisnahme wäre wohl tatsächlich, wie Werfel seinerzeit kopfschüttelnd bemerkte, »niemals über Bodenbach hinaus« gelangt, die böhmisch-deutsche Grenzstation bei Tetschen/Děčín. Es gehört nicht viel dazu, Brods gutgemeinte redaktionelle Eingriffe in Kafkas Wortlaut, Interpunktion und Satzrhythmus anzuprangern oder die Sinnentstellungen in seinen Janáček-Übersetzungen (als wären Opernlibretti sonst die Muster an Texttreue!) zu kritisieren. Milan Kunderas diesbezügliche Abrechnung mit Brod (in: *Verratene Vermächtnisse*) ist, bei aller Brillanz, ungerecht scharf.

Die von der *asanace* verschonten, nunmehr aber zu Denkmälern gewordenen Relikte der Judenstadt zogen folgerichtig die Gründung eines Jüdischen Museums (1906) nach sich. Es war übrigens das erste dieser Art in Mitteleuropa. Seine Bestände sind verteilt auf vier der Synagogen. Das wissenschaftliche Zentrum befindet sich in der Jáchymova 3. Makabre Aktualität kam dem Jüdischen Museum während der deutschen Okkupation zu: es wurde zur zentralen Sammelstelle, in der synagogale Kultgegenstände aus allen 153 vernichteten jüdischen Gemeinden Böhmens und Mährens zusammengetragen wurden. Vom Aspekt der Bereicherung an dieser Beutekunst einmal abgesehen, gedachte das Naziregime diese Sammlungen »später« zu nutzen: als Anschauungsmaterial für antisemitische Propaganda.

In diesem »Jüdischen Zentralmuseum« arbeitete man äußerst intensiv. Sogar Ausstellungen wurden organisiert, bis schließlich nach und nach fast alle am Museum Tätigen – es waren ja Juden – deportiert waren. Zu den wenigen Überlebenden gehörte die Kunsthistorikerin Hana Volavková, die gleich nach Kriegsende Leiterin des wiedereröffneten Museums wurde, und der Schriftsteller Jiří Weil, der Selbstmord vortäuschte, sich verstecken konnte und nach dem Krieg wieder, bis zu seinem Tod 1959, im Museum arbeitete.

Weils großer autobiographischer Bericht erzählt das trostlose *Leben mit dem Stern* (1949), dem Judenstern. Auch sein letzter, postum erschienener Roman *Mendelssohn auf dem Dach* (1960) handelt von jenen dunklen Jahren der täglichen Verfolgung, Plünderung, Deportation – mit einem Schuß sinistrer Groteske. Zunächst nämlich geht es um die Schwierigkeit, von den Komponistenstatuen auf der Attika des Rudolfinums, das jetzt zu einem »Haus der deutschen Kunst« geworden war, diejenige des Juden Mendelssohn auf Befehl der Gestapo zu entfernen. Denn die Sockel der Statuen tragen keine Namen, um ein Haar hätte man ausgerechnet Richard Wagner gestürzt – weil er, untrügliches wissenschaftliches Rassemerkmal, »die größte Nase hat«. Man mußte einen »Sachkundigen« finden, und das war Reinhard Heydrich selbst, der »Stellvertretende Reichsprotektor«. Heydrich war ja als »Musikfreund« bekannt. Sein Vater Bruno war Komponist gewesen. Ein Konzert mit Werken des Vaters besuchte der Protektor am Vorabend des Attentats vom 27. Mai 1942, an dessen Folgen Heydrich starb. Als Rache wurden die Dörfer Lidice und Ležaky ausgelöscht. (Akribische Anmerkung: eine Statue Richard Wagners gab es auf dem Dach des Rudolfinums gar nicht, denn der lebte zur Erbauungszeit ja noch; diejenige Mendelssohns kam nach dem Krieg wieder auf ihren Platz.)

Von den einhundertachtzehntausend Menschen im »Protektorat« Böhmen und Mähren, die gemäß den nazistischen »Nürnberger Gesetzen« als Juden registriert wurden, konnten sich sechsundzwanzigtausend in die Emigration retten. Zweiundneunzigtausend wurden deportiert, über Prag (einen »Sammelplatz« in Messehallen an der Veletržní, volkstümlich »Radiomarkt« genannt, heute steht dort das Parkhotel) ins Ghetto Theresienstadt. Achtundsiebzigtausend Juden wurden im Zuge der »Endlösung« vernichtet, fast alle in Auschwitz; vierzehntausend überlebten.

Nach dem Kenntnisstand Ende der 1950er Jahre fielen 77297 Juden der Nazidiktatur zum Opfer. Jiří Weil hat ihnen einen *Klagegesang* gewidmet. Von seiner Arbeit am Jüdischen Museum kannte er die erhalten gebliebenen Transportkarteien.

»Rauch aus den nahen Fabriken verhüllt das Land, Land, das eben ist wie ein Tisch und sich im Unendlichen verliert. Die Asche von Millionen Toten deckt es zu. Und es ist übersät von kleinen Knöchlein, die die Öfen nicht zu verbrennen vermochten. Wenn Wind aufkommt, hebt er die Asche bis zu den Wolken, die Asche schwebt zum Himmel empor, und die kleinen Knöchlein bleiben auf der Erde liegen. Und Regen fällt auf die Asche, und der Regen verwandelt sie in gute und fruchtbare Erde, wie es sich für die Asche von Märtyrern gehört. Wer kann die Asche derer finden, die aus meiner Heimat stammten, 77 297 an der Zahl? Ich sammle ein wenig Asche mit der Hand, denn nur mit der Hand darf man sie berühren, und schütte sie in einen Leinenbeutel, so wie einst jene, die in die Fremde zogen, etwas heimatliche Erde sammelten, um nie zu vergessen, um immer zu ihr zurückkehren zu können.

In einem braun gestrichenen Weichholzregal sind Papierschachteln aufgereiht. In den Schachteln sind Namen, alphabetisch sortiert. 77 297 Namen. Die Namen der Opfer aus Böhmen und Mähren. Bei jedem Namen ist die Transportnummer vermerkt, das Geburtsjahr, der letzte Wohnsitz, Datum und Ort des Todes. Bei manchen fehlt die Angabe von Todesort und Todesjahr. Das sind die, bei denen man nicht weiß, wo und wann sie starben. In der Pinkassynagoge, die beim alten Friedhof liegt, stehen diese Namen an die Wand geschrieben. So wird ihr Gedächtnis bewahrt.«

Diese monumentale Gedenktafel ist das wahre »Gespenst der Judenstadt«, ein Gespenst monströser Realität, das des zwanzigsten Jahrhunderts.

»Und Asche bedeckt die Erde, Asche schwebt zum Himmel empor, Millionen kamen in den Öfen um, und jene 77 297 aus meinem Heimatland sind nur ein Tropfen im Meer der Erschlagenen, unter den verbrannten Dörfern, den zerstörten Städten und verwüsteten Gräbern. Und die Handvoll derer, die überlebten, sieht Schatten, die Schatten ihrer Nächsten, die nicht begraben wurden, deren Asche sich mit Lehm vermischt hat. Die Schatten stehen schweigend, als Vorwurf und Wache. Aber ihre Asche hat sich in fruchtbare Erde verwandelt, gute Erde, wo Getreide wächst und Bäume blühen. Ihr schreitet über die Erde, und sie ist schön in der Morgendämmerung, wenn das Wasser in den Wiesen braust und die Wälder auf den Felsen rauschen, und die Schatten begleiten euch, gehen mit euch Hand in Hand. Denn dies ist auch ihr Land in Ruhe und Frieden.

Am 7. März 1943 wurde das sogenannte Familienlager in Auschwitz liquidiert. Achttausend Männer, Frauen und Kinder wurden in die Gaskammern geschickt. Sie wußten, welches Los sie erwartete, wußten, daß sie in den Tod gingen. Sie gingen und sangen die Hymne ihres Heimatlandes. Es war das Lied ›Kde domov můj‹ – ›Wo ist mein Heim‹.«

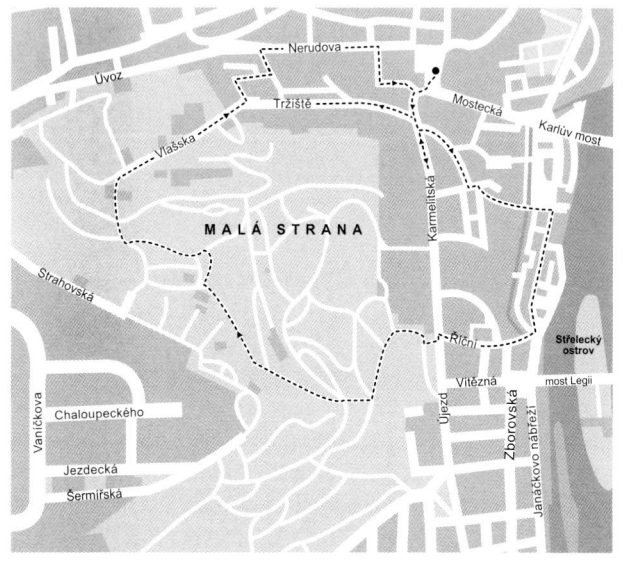

Vierter Spaziergang:
Kleinseite

Malostranské náměstí [Kleinseitner Ring] – Karmelitská – Maltészké náměstí [Malteserplatz] – Velkopřevorské náměstí [Großprioratsplatz] – Kampa – Říční – Petřín [Laurenziberg] – Nerudova [Spornergasse] – Tržiště

Die schönste Anreise auf die Kleinseite: Man fährt mit der Tram 22 oder 23 vom Národní divadlo über die Moldaubrücke direkt auf den Kleinseitner Ring (Malostranské náměstí). Hier war, mit Pranger und Galgen auf dem Platz, das Zentrum einer Mitte des 13. Jahrhunderts gegründeten selbständigen Stadt. Die »Kleinere Prager Stadt« – »Kleinseite« genannt – war umgeben von Mauern, von denen noch Bruchstücke zu sehen sind (im Hof von Malostranské nám. 2). Unter Karl IV. wurde sie bereits erheblich erweitert, dann aber in hussitischen Kämpfen verwüstet und schließlich durch ein großes Feuer 1541 weitgehend zerstört. Fast nichts blieb von der mittelalterlichen Stadt, außer hier und dort Fragmente, Kellergewölbe oder Fundamente. Der Wiederaufbau nach dem Brand war in vollem Gange, da veränderte der Sieg des katholischen Österreichs und die böhmische Niederlage in der Schlacht am Weißen Berg, am 8. November 1620, die machtpolitische Situation. (Der Weiße Berg, Bílá hora, ist die westliche Endstation der Tram 22. Die flache Kalkanhöhe, wo an einem einzigen Tag eine Entscheidung für fast dreihundert Jahre gefallen war, krönten die dankbaren Sieger mit einer Wallfahrtskirche samt Kloster.) Gerade auf der Kleinseite nämlich, zu Füßen der kaiserlichen Burg, setzte sich nun der katholische habsburgtreue Adel fest: Colloredo, Schönborn, Waldstein, Nostitz, Lobkowitz, Thun und andere. Bestehendes wurde nach dem Besitzwechsel umgebaut wie im Falle des durch seinen heute auch allgemein zugänglichen Barockgarten berühmten Palais Wrtba, Karmelitská 25. Es wurde aber auch in großem Stil neu gebaut, vor allem vom kaiserlichen Generalissimus Albrecht von Waldstein und von den Jesuiten, die in der Mitte des Kleinseitner Rings zwanzig Bürgerhäuser erwarben und den mächtigen Block ihres Kollegs dorthin setzten. Sie erhielten die bestehende gotische Kirche 1625 vom Kaiser als Geschenk, und an ihrer Stelle begannen sie 1703 mit dem fulminanten Dientzenhofer-Neubau der Niklaskirche.

Die halbe Kleinseite, kann man beinah sagen, gehörte dem Adel, das übrige der (katholischen) Kirche. Beide Stände hatten genug Geld, Baulust und Kunstverstand, um im Laufe des 17. und erst recht des 18. Jahrhunderts der Kleinseite ein barockes Gesicht zu geben, das sie bis heute mit nur wenigen Verunstaltungen durch Abriß und Neubebauung bewahren konnte. Allerdings ist sie naturhaft gealtert, als nach dem Reichsende 1806 die Macht der Adelshäuser allmählich schwand. Die Kleinseite, ein wenig verkommen und düster, wurde ein stilles Quartier für Kleinbürger und Pensionäre, für Dichter, Kneipengänger, verschwiegene Liebespaare: eine »riesenhafte Ansammlung von Gärten und von Palästen, die fast nur noch von Dienstboten oder Staatsämtern, nicht mehr von ihren adeligen Eigentümern bewohnt waren«, wie sich Max Brod erinnert, »hier stand das Leben still ...« Dieselbe Atmosphäre beschwört ein weiterer literarischer Zeitgenosse:

»Die ›Kleinseite‹ auf dem anderen Flußufer sieht ganz anders aus. Drüben, nur ein paar hundert Schritt hinter

Garten des Wrtba-Palais

dem Altstädter Brückenturm, sind die Straßen erfüllt von aufgeregtem Leben; hier merkt man nichts davon. Still, verschlafen, wie unter einer Glasglocke, liegen die Gassen da, die Häuser mit den Laubengängen, die weitläufigen Barockpalais, die Kirchen mit den geschwungenen Giebeln und den schillernden Kuppeln, die grünen Kanäle des ›Kleinen Venedig‹, die ehrwürdigen Plätze mit den noch ehrwürdigeren Namen: Grandprioratsplatz, Maltheserplatz, Radetzkyplatz ...

In dem kleinen Café gegenüber dem Standbild des Feldmarschalls Radetzky, hinter den Efeuwänden, in denen sich schon welkes Laub verfangen hat, sitzen gichtbrüchige Offiziere a. D. und pensionierte Staatsbeamte, spielen Tarock um halbe Heller, erzählen einander uralte Geschichten, lesen die offiziösen Wiener Journale.«

So schreibt Franz Carl Weiskopf in seinem historisch-autobiographischen Roman *Das Slawenlied* (1931), der, wie der Untertitel sagt, von »den letzten Tagen Österreichs und den ersten Jahren der Tschechoslowakei« handelt. Erst die letzte Seite des Buches verrät, daß das »Slawenlied« »das Lied von der *Fahne rot*« ist, das die Kommunisten inmitten einer Straßenschlacht anstimmen. Ein pathetisches Tableau zum Schluß: »Der Gesang steigt in der schmalen Gasse hoch wie volles, dunkles Glockengeläut. Über uns wird eine Jalousie hochgezogen. Ein breites Lichtband fällt quer über die Gasse. (...) Und mir fällt auf einmal ein, daß diese Menschen hier, die vom Morgenrot der Freiheit singen, eben erst gehetzt und geprügelt worden sind; daß sie eine Niederlage hinter sich haben ... aber vor sich den Sieg. Da merke ich plötzlich, daß ich mitsinge; nein, nicht nur das, – auch daß ich mit zu ihnen gehöre. Und während der Gesang lauter, schneller und härter wird, habe ich wieder wie schon einmal, am Tag des Umsturzes vor zwei Jahren, aber diesmal stärker, viel stärker und klarer, die berauschende Empfindung: Teil und Blutstropfen zu sein eines großen, stürmisch atmenden, kämpfenden Körpers.« Weiskopf, deutschjüdisch-tschechischer Herkunft, perfekt zweisprachig, aber als Romancier nur deutsch schreibend, Kommunist zwar und selbstgepriesener rhetorischer »Widerstandskämpfer«, aber Risiken und Kämpfen immer auf die sichere Seite geschickt ausweichend; ein wendehalsiger Opportunist, meinten Genossen über ihn. »Es gibt viele Dichter«, meint Jürgen Serke, »deren literarische Qualität größer war als ihr Charakter.«

Und noch einmal die alte Prager Kleinseite im ausgehenden 19. Jahrhundert: der junge Oskar Wiener begleitet den dreißig Jahre älteren Detlev von Liliencron auf Prager Spaziergängen.

»Die Kleinseite ist der stillste Stadtteil Prags. Dort gibt es noch Plätze, wo Gras zwischen den Pflastersteinen sprießt, und namentlich am Abend machen manche Straßen den Eindruck, als ob sie einer friedlichen Landstadt von sehr ehrwürdigem Alter angehören würden. Es scheint auch nirgends so viel Greise zu geben wie just auf der Kleinseite, und weil alte Leute gern die Hände in den Schoß legen und ihnen eine überhastete Eile fremd ist, bekommt der ganze Stadtteil den Charakter einer sanften Beschaulichkeit, und es ist sonderbar still in den Straßen. Diese vornehme Ruhe paßt so recht zu den Palästen, die dort der Adel einst gebaut hat, und zu den erstaunlich vielen Kirchen. In diese gedämpfte Atmosphäre würdiger Staatsbeamten, geistlicher Herren und adeliger Haushofmeister, die wie betupft sind mit grauer Farbe, greift bunt das Leben der Garnison. Man trifft hier viel Militär auf der Kleinseite,

Generäle, mit grünen Federhüten, und gemeine Infanteristen.

›Ich möchte eine Soldatenschenke sehn‹, entschloß sich Liliencron. Nach der Marianka, wo täglich die ›Bereitschaft‹ Ordnung machen muß, weil Kanoniere und Landwehrleute dort um die Mädchen raufen, war es zu weit, und so brachte ich den Dichter unter die Lauben des Ringplatzes zur ›Großmutter‹.

In der verräucherten Wirtschaftsstube, die an Größe einem Tanzsaal glich, saßen schweigsam ein paar Unteroffiziere beim Kartenspiel.«

Liliencron stammte aus einem verarmten norddeutschen Adelsgeschlecht und war nach einer gescheiterten Militärlaufbahn und einem glücklosen Amerikaaufenthalt im schleswig-holsteinischen Verwaltungsdienst untergekommen. Er war in den 1890er Jahren schließlich ein renommierter Dichter und galt einer »naturalistisch« ausgerichteten junge Generation durchaus als Vorbild. Max Brod erinnert sich:

»Liliencron hatte als Sendbote der hohen deutschen Dichtung einen entscheidenden Einfluß auf die sogenannte ›Prager Schule‹ – bei der man jedoch drei Stufen oder Generationsfolgen (oder richtiger: Halbgenerationsfolgen) unterscheiden muß: die Gruppe der Älteren um Hugo Salus – die mittlere Generation um Leppin und die Anfänge Rilkes – schließlich meine Freunde und mich, die wir den Neoromantikern und ihrer überschwenglichen Prosa die Klarheit der Sprache und die einfachen, unerschöpflich tiefen Dinge des Lebens und Denkens entgegenstellten. (...)

Er steckte voll von Gegensätzen, dieser anscheinend so fröhliche Dichter, ein tragischer Epikuräer war er oder ein militärbegeisterter Idyllenanbeter oder ein kaisertreu-

Čertovka-Kanal

er Aufwiegler. All die unausgetragenen Widersprüche, die in Kleists, in Heines Seele gewütet hatten, schleppte der alte Junker mit sich. (...)

Die Zechgelage, die ich an seiner Seite mitmachte, nahm ich als Zeichen seiner Verzweiflung und der unlösbaren Konflikte seiner Rauflust. Im Kern aber zitterte sein Mitleid mit allen Menschen.«

Auf seinen ausgedehnten Lesungs-Tourneen, auch aus Geldmangel unternommen, kam Liliencron 1898 und 1904 auch nach Prag, das ihn nachhaltig fesselte. In seinem ausufernden Versepos *Poggfred* (plattdt.: Froschfrieden), einem Stilkaleidoskop von skurrilem Humor (1896, später erweitert), stellt er sich gar als imaginärer Prager vor:

> In Prag bin ich entschieden mal geboren,
> Vielleicht vor tausend Jahren, wer kanns wissen,
> So ist mein Herz der alten Stadt verschworen;
> Dort möcht ich immer meine Fahnen hissen.
> Palerm und Ripen gehn mir nicht verloren,
> Die waren auch von je mir Leckerbissen.
> > In Prag aß ich auch mal im Blauen Stern
> > Mit Oskar Wiener, einem Dichterherrn.

> Du mußt es sehn, wenn sich der volle Mond
> In seinen Gassen, Gäßchen eingefangen,
> Wenn im Barock er auf den Kirchen thront,
> Wenn seine Lichter den Hradschin umprangen,
> Den silbernen Sarg Sankt Nepomuks umfangen,
> Wenn er in Waldsteins großer Halle wohnt.
> > Viel hundert Sagen singen und Geschichten;
> > Ganz Praha ist ein Goldnetz von Gedichten.

Oskar Wiener, der ein jüdischer »Dichterherr« war, starb 1944 im Ghetto Theresienstadt mit über siebzig Jahren.

Ein früh ausgeprägtes literarisches Talent, das im Kreis um Werfel, Urzidil und Kafka verkehrte, erlag 1917 im Alter von zweiundzwanzig den langen Qualen der Lungenschwindsucht: Karl Müller, der sich »Karl Brand« nannte – vielleicht die schmerzvolle Metapher der verzehrenden Krankheit. Er starb in dem Eckhaus Malostranské náměstí 1/Mostecká, einem alten großen Haus mit gotischen Kellern und einem barocken Erker. »Werfel und ich«, schreibt Urzidil, »besuchten ihn während der letzten Klimax seiner Krankheit, und ich wachte an seinem Sterbelager in der alten ärmlichen Hofwohnung in dem düsteren Barockhaus auf dem Radetzky-(später Kleinseitener-)Platz, einem mürben Bauwerk, in dessen verzwickten Stockwerken, makabren Korridoren, hofumklammernden Loggien und im Nichts endenden Dachböden man sich selbst abhanden kommen mochte wie ein Angeklagter Kafkas.«

Urzidil hielt das Versprechen, das er Brand am Sterbelager gegeben hatte, und veröffentlichte 1921 *Das Vermächtnis eines Jünglings*: den literarischen Nachlaß des expressionistischen Dichters, von dem zu Lebzeiten einige Gedichte erschienen sind, sowie zwei Erzählungen, die 1916 im *Prager Tagblatt* gedruckt worden waren. In der Erzählung *Die Rückverwandlung des Gregor Samsa* führt er Kafkas *Verwandlung* weiter, in eine wunderbare Wiederauferstehung des »entsetzlichen Wanzenkadavers« als neuer Mensch: »Und Gregor Samsa erhob sich und ging. Seine Schritte waren langsam, aber fest und unerbittlich. Und als er zu den ersten Häusern der Stadt gelangte, schrien ihm die Häuserketten zu: ›Ein neues Leben beginnt!‹« In *Novelle im Traum* jedoch entwirft er ein hoffnungsloses Gegenbild und nimmt in beklemmend düsterer Vision das eigene Ende vorweg, über das sich der Dichter klargewesen sein muß.

Am Kleinseitner Platz, etwa da, wo jetzt die Tram hält, stand von 1858 bis 1918 ein Denkmal des österreichischen Feldmarschalls Josef Wenzel Graf Radetzky, der 1848 und 1849 die italienischen und sardischen Erhebungen niedergeschlagen hatte. Jedem Österreicher ist er zumindest vom *Radetzky-Marsch* her noch geläufig. (Im Museum »Lapidarium«, in Praha-Holešovice auf dem Ausstellungsgelände, kann man das Monument noch besichtigen.) Dann kam an seine Stelle ein Denkmal für den französischen Historiker Ernest Denis, der eine Geschichte des böhmischen Staatswesens geschrieben hatte; es verschwand während der deutschen Okkupation. An Denis erinnert jetzt eine kleine Büste in einer Ecke des ehemaligen Jesuitenkollegs in der Mitte des Platzes.

In einem der Rokokohäuser, die dem Chor der Niklaskirche vorgebaut sind, etablierte sich 1874 das Café Radetzky (später Kleinseitner Kaffehaus/Malostranská kavárna). Hier fühlten sich pensionierte Militärs und Staatsbeamte ebenso wohl wie tschechische Künstler: Jan Neruda verkehrte hier gern, der Lyriker Vítězslav Hálek, der symbolistische Maler Jan Zrzavý, die Opernsängerin Ema Destinová. (Das Kaffeehaus hat seine alte Atmosphäre bis Anfang der 1990er Jahre bewahren können, jetzt hat sich dort ein geschichtsloses Schickeria-Restaurant eingerichtet.)

Von den Fenstern des Kaffeehauses blickte man hinüber auf die Ostseite des Platzes: das ehemalige Kleinseitner Rathaus (Nr. 21) an der Ecke zur Letenská erfüllte bis 1784 seine Funktion. In ihm wurde 1575 die »Böhmische Konfession« abgefaßt, eine Proklamation der Religionsfreiheit und konfessionellen Toleranz. Im »Kaiserstein-Palais« (Nr. 23) war im 2. Stock die Prager Wohnung der in ihrer Epoche weltberühmten Sopranistin Emmy Destinn/Ema Destinová, die in Berlin und Bayreuth, Covent Garden und an der New Yorker Metropolitan umjubelt wurde und oft zusammen mit Enrico Caruso auftrat. Im Eckhaus daneben (Nr. 24) – im Vorgängerbau der Neorenaissance-Sparkasse – wohnte 1809 Heinrich von Kleist. Entschlossen, mit seinen Mitteln sich jetzt ganz für den Freiheitskampf gegen Napoleon einzusetzen – und zwar als gemeinsame Sache von Preußen und Österreich –, reiste Kleist Ende April 1809, zusammen mit dem jungen Historiker Friedrich Christoph Dahlmann, in das für ihn noch sichere österreichische Staatsgebiet – zu Fuß über Teplitz nach Prag. Dort kam er mit deutschen Emigranten und führenden einheimischen politischen Kreisen in Verbindung und warb für seine Idee eines patriotischen Wochenblatts namens *Germania*. Doch die sich überstürzenden militärischen und politischen Ereignisse legten die Aktivitäten lahm – nach dem österreichischen Sieg bei Aspern im Mai der Rückzieher Preußens, dann die Niederlage Österreichs bei Wagram und Znaim Anfang Juli, Waffenstillstand und im Oktober das österreichische Arrangement mit Napoleon, der Schönbrunner Frieden. Enttäuscht, zudem finanziell ruiniert, verläßt Kleist Ende Oktober Prag.

Gleich zwei der auf der Kleinseite besonders zahlreichen Klöster liegen sich in der Karmelitská gegenüber. Aus dem 17. Jahrhundert stammt der barocke Neubau eines Dominikanerklosters (Karmelitská 2) mit zuletzt (1708) kuppelgekrönter Kirche. Nach der josephinischen Aufhebung (1784) war hier die Poststation, Mitte des 19. Jahrhunderts wurde eine Gendarmeriekaserne daraus, hundert Jahre später das Staatliche Zentralarchiv, und seit kurzem ist in dem

Gebäude, von dessen alter Substanz schließlich nur noch die barocke Kuppel blieb, das Museum der tschechischen Musik beheimatet. – Den Unbeschuhten Karmelitern wurde 1624, bald nach dem katholisch-österreichischen Sieg von 1620 also, die erst wenige Jahre zuvor für die deutschen Lutheraner neuerbaute Dreifaltigkeitskirche übereignet. Die Kirche, nun »Maria vom Siege« geweiht, wurde umgestaltet. Der Altar wurde nach Westen ausgerichtet, und eine markante neue Fassade zierte die Straßenfront. Zudem wurde ein Kloster angebaut. Noch hundert Jahre später, 1723, preist der Hochaltar, die Verdienste Marias und der Karmeliter heraushebend, den kaiserlichen Sieg von 1620. Beliebtes Pilger-Ziel ist das »Prager Jesulein«, eine puppenkleine spanische Kultfigur aus dem 16. Jahrhundert, die schließlich 1628 als Geschenk einer Lobkowitz-Gattin in diese Kirche kam. Immer wieder wurden (und werden) dem »Bambino di Praga« kostbare Kleidchen gestiftet, die es abwechselnd auch trägt.

Am Malteserplatz (Maltészké náměstí, Nr. 1) bauten sich die Grafen Nostitz um 1680 ein geräumiges Palais im italienischen Hochbarock. Im 18. Jahrhundert trat Franz Anton Graf Nostitz als tatkräftiger Förderer von Kunst und Wissenschaft hervor: er ließ das »Ständetheater« erbauen, und bedeutende Gelehrte verkehrten in seinem Haus. Die Zweisprachigkeit war hier ebenso selbstverständlich wie in der 1784 im Nostitz-Palais gegründeten Wissenschaftlichen Gesellschaft (später Königliche Gesellschaft der Wissenschaften, ihre kontinuierliche Geschichte führt bis in die jetzige Tschechische Akademie der Wissenschaften). Die für die tschechische Sprache und Literatur bedeutsame Figur in diesem Kreis war Josef Dobrovský, der 1776 einer der Erzieher im Hause Nostitz wurde und von dieser

Familie, auch von anderen Adelshäusern wie Sternberg und Czernin, stets gefördert wurde. So konnte er sich als Privatgelehrter der Erforschung der Geschichte der tschechischen Sprache und Literatur widmen. Mit seinen Werken – vor allem: *Geschichte der böhmischen Sprache* (1791), *Geschichte der böhmischen Sprache und Literatur* (1792), *Lehrgebäude der böhmischen Sprache* (1809) – wurde Dobrovský zum Begründer der tschechischen Literaturwissenschaft, ja der Slawistik überhaupt, zu Lebzeiten schon allgemein anerkannt und mit einem Renommee weit über die Landesgrenzen hinaus. Wie man sieht: die Grundlagen für die tschechisch-böhmische »Wiedergeburt« seit der Mitte des 19. Jahrhunderts sind früh entstanden. Dobrovský verfaßte seine Abhandlungen auf deutsch (Clemens Brentanos Lob: »für einen Österreicher merkwürdig schön geschrieben«) – Deutsch war nicht nur die gemeinsame Sprache aller Reichsländer, Dobrovský selbst, aus dem slowakischen Ungarn stammend, sprach zuerst Deutsch und lernte Tschechisch dann auf dem Gymnasium. (Nationsbewußtsein, das gilt allgemein bis zum Ende des Vielvölkerstaats Österreich, definierte sich nicht primär über den Sprachgebrauch. Wie die Sprachen wechseln konnten, so auch die Namen. »Die historische Entwicklung in Böhmen hatte eine derartige Vermischung der Nationalitäten mit sich gebracht, daß ein tschechischer oder ein deutscher Familienname über die Nationalität nichts aussagte. Familien, die seit vielen Generationen tschechisch waren, hießen etwa ›Jungmann‹, und solche, die seit Jahrhunderten deutsch waren, hießen ›Urzidil‹.« Das schreibt einer, der es wissen mußte, nämlich Urzidil selbst.)

Ein weiteres, kleineres Adelspalais am Malteserplatz (Nr. 14) hat vielleicht auch mit Literatur zu tun – doch eher

Kleinseitner Dächer

auf anekdotischer Ebene: das ehemalige Straka-Palais, auch »Zu den sieben Teufeln« genannt. Urzidil macht »neun Teufel« daraus und erzählt, in seinem charakteristischen Ineins von Erlebtem und Erdichtetem, eine zauberhafte, verschachtelte Gespenstergeschichte (*Zu den neun Teufeln*) um die uralte einzige Bewohnerin des Hauses und einen mysteriösen nächtlichen Besuch. Im späten 19. Jahrhundert hatte das vereinsamte Palais tatsächlich eine offenbar etwas absonderliche Besitzerin. Der Hausname verleitete zu ihrem Spitznamen »Čertovka« (von tschechisch *čert*, Teufel), vermutlich hat sogar der nahe Moldaukanal seinen Namen nach ihr erhalten.

Einer der bezauberndsten – und bis heute stillen – Plätze des alten Prag ist der an den Malteserplatz anschließende verwinkelte Großprioratsplatz (Velkopřevorské náměstí). Das Großpriorat des souveränen Malteserordens (dem 1991 seine Besitztümer zurückerstattet wurden) hat Residenz und zugleich Botschaft seit dem 16. Jahrhundert in seinem (später umgebauten) Palais hier am Platz (Nr. 4).

Der weitläufige Barockpalast gegenüber (Nr. 2) wurde 1718 von den Grafen Thun erbaut und ging bald darauf in den Besitz der Grafen Buquoy über. In diesem Hause spielte die Musik eine wichtige Rolle; der postume Prager Mozart-Kult bekam hier ein Zentrum. Zum Musikpräzeptor wurde Václav Jan Tomášek bestellt (oder, in der gängigen deutschen Schreibweise: Wenzel Johann Tomaschek; so steht es auch auf dem schönen Grabmal des Komponisten, der auf dem Kleinseitner Friedhof in Smíchov begraben liegt). Er durfte sich »Tonsetzer des Grafen Buquoy« nennen und blieb dieser Familie für anderthalb Jahrzehnte eng verbunden. Danach führte er in seinem Haus Tomášská 15 gleich hinter dem Kleinseitner Platz eine eigene Musikschule. Mit der Schule und als Komponist hatte er solche Erfolge, daß er in Prag eine Autorität und Berühmtheit wurde – eine einzigartige Ausnahme in einer Zeit, als die allermeisten böhmischen Musiktalente es nur außerhalb des Landes zu etwas bringen konnten. Graf Buquoy, »dessen wahrer Freundschaft ich mir schmeicheln darf«, wie Goethe 1820 schrieb, regte Tomášek wiederholt zur Vertonung Goethescher Gedichte an. So entstanden über vierzig Goethe-Lieder, die in neun Heften 1815 gedruckt und 1818 nach Weimar geschickt wurden. Die von Goethe ausdrücklich gewünschte Begegnung mit Tomášek, dessen eher traditionelle, am Strophenschema festhaltende Kompositionsart dem Dichter zusagte, fand dann im Sommer 1822 in Marienbad statt: In kleinstem Kreise trug Tomášek nicht weniger als achtzehn seiner Goethe-Lieder vor. In seiner Selbstbiographie hält er Goethes lobenden Kommentar zu seiner *Mignon*-Vertonung fest, eine Bemerkung, charakteristisch für Goethes Ansicht über eine nachgeordnete Rolle der Musik im Lied:

»Sie haben das Gedicht verstanden. Ich kann nicht begreifen, wie Beethoven und Spohr das Lied gänzlich mißverstehen konnten, als sie es durchkomponierten. Die in jeder Strophe an derselben Stelle vorkommenden gleichen Unterscheidungszeichen wären, sollte ich glauben, für den Tondichter hinreichend, ihm anzuzeigen, daß ich von ihm bloß ein Lied erwarte. Mignon kann wohl ihrem Wesen nach ein Lied aber keine Arie singen.«

Dann soll Goethe freilich noch, als Schlußstrich gleichsam, ein berühmt gewordenes Lob der Musik angestimmt haben: »Wer Musik nicht liebt, verdient nicht ein Mensch genannt zu werden; wer sie liebt, ist erst ein halber Mensch; wer sie aber treibt, ist ein ganzer Mensch.«

Die künstliche Insel Kampa wird durch einen schon im Mittelalter abgezweigten Moldauarm vom Fluß getrennt. Der kleine Kanal – seit dem späten 19. Jahrhundert »Čertovka« genannt, Teufelsgraben – diente der »Großprioratsmühle« (Velkopřevorské nám. 7). Bis 1936 wurde sie betrieben; ihr großes Rad kann man von dem Steg aus sehen, der vom Platz auf die Kampa hinüberführt.

Die Insel war früher nicht bewohnt, hier waren Gärten der Kleinseitner Adelspalais. In der Villa, die zum Nostitz-Garten gehörte (U Sovových mlýnů 7), wohnte um 1800 Josef Dobrovský für einige Jahre. Von 1946 an, nach seiner Rückkehr aus der Emigration, lebte hier der Schauspieler Jan Werich bis zu seinem Tod 1980, in verschiedenen Funktionen an Prager Theatern tätig. Zusammen mit Jiří Voskovec hatte er seit 1929 im Osvobozené divadlo ein legendär gewordenes Revue- und Komödientheater betrieben. Nach der deutschen Okkupation gingen sie, zusammen mit Jaroslav Ježek, dem Komponisten des Ensembles, in die USA. Auch Voskovec war 1946 nach Prag heimgekehrt und wohnte hier auf der Kampa mit Werich zusammen. Beide nahmen ihren Theaterbetrieb wieder auf, aber nach der Machtübernahme der Kommunisten emigrierte Voskovec erneut. Er reiste über Paris wieder in die USA, wo er bis zu seinem Tod 1981 in Kalifornien als Schauspieler höchst erfolgreich war. Das Erdgeschoß im selben Haus bewohnte zur selben Zeit wie Werich, mit dem er sonderbarerweise auch die genauen Lebensdaten gemeinsam hat, der Lyriker Vladimír Holan, ein versponnener, öffentlichkeitsscheuer Einsiedler, vergraben in seine vielfach esoterische, an Apollinaire und Rilke anknüpfende Dichtung und in umfangreiche Übersetzungsarbeiten. Im Stalinismus wie so viele seiner Kollegen geächtet und mit Publikationsverbot belegt, wurde ihm

Karel (links) und Josef Čapek

im »Prager Frühling« 1968 endlich auch offizielle Anerkennung zuteil.

Im ersten Stock des Hauses Říční 11 war von 1907 an die Wohnung der Familie Čapek, die vom böhmischen Riesengebirgsvorland, wo Vater Čapek eine Arztpraxis gehabt hatte, nach Prag gezogen war. Karel Čapek und sein jüngerer Bruder Josef lebten hier fast zwanzig Jahre, dann konnten sie ein großes Doppelhaus beziehen, das sie sich im Stadtteil Vinohrady hatten bauen lassen (Úzká, jetzt bratří Čapků 29). Da waren sie nun längst berühmt: Josef vor allem als Maler, Karel hatte nachhaltige Erfolge als Dramatiker. Um 1909, gerade dem Schulalter entwachsen, hatten sie eine Karriere als literarisches Tandem begonnen, firmierten als »Bratři Čapkove«, die Gebrüder Čapek. »Es hatte sich so ergeben«, erinnerte sich Josef, »daß Karel eine Geschichte schrieb, sie aber wegwarf, weil er mit ihr unzufrieden war. Ich fand, es sei schade darum, und änderte sie. Daraufhin änderte Karel sie nochmals. Und dann feilten wir beide daran. Und so dachten wir, es sei das beste, wir machen gemeinsam Literatur.« Über mehr als ein Jahrzehnt hinweg sind so immer wieder Erzählungen entstanden, Feuilletons, Aphorismen, sogar ausgewachsene Theaterstücke, alles mit »Bratři Čapkove« als Autorenangabe.

Karel Čapeks eigenes literarisches Schaffen war umfangreich und vielgestaltig. Es reicht von Märchen, Kinder- und Tiergeschichten über Reiseberichte und zahllose Feuilletons (von 1917 an arbeitete er ununterbrochen in der Zeitungsredaktion) bis zu großen phantastisch-utopischen Entwürfen: den Romanen *Krakatit* (1924), der hellsichtig die Schrecken der Massenvernichtungswaffen vorwegnimmt, und *Der Krieg mit den Molchen* (1936), ein Meisterwerk surrealer Visionen – menschengroße Molche werden in militärischen Auseinandersetzungen als lebende Waffen eingesetzt, vermehren sich jedoch rasend schnell. Sie ergreifen dann ihrerseits die Initiative und drohen die Menschengattung aus der Welt zu verdrängen. Čapeks erster großer Erfolg war sein Theaterstück *R U R*. Es wurde nach der Premiere 1921 im Prager Národní divadlo innerhalb weniger Jahre auf den Bühnen ganz Europas gespielt. »RUR« ist das Firmenkürzel für »Rossum's Universal Robots«, ein Unternehmen, das, gelenkt nur vom eisigen »Verstand« (tsch. *rozum*), Kunstmenschen herstellt. Es sind Roboter – in Anlehnung an *robota*, Fronarbeit, hat Čapek diesen epochemachenden Begriff hier geprägt. Als ihnen aber vom Betriebspsychologen ein wenig zuviel »Menschlichkeit« implantiert wird, erheben sie sich wider ihre Erfinder ... Der drohende Untergang der Menschheit ist von ihren eigenen technischen Erfindungen vorbereitet worden: der Gedanke erinnert an den *Krieg mit den Molchen* und auch an die Golem-Sage. Ein weiteres Theaterstück Čapeks, *Die Sache Makropoulos* (1922) – eine höchst verwickelte Geschichte um eine scheinbar einfache Sache: die Endlichkeit des Menschenlebens –, ist vor allem in seiner Gestalt als Oper von Leoš Janáček (1926) bekannt geworden.

Der weite Horizont seiner Gedanken und Fragestellungen – Čapek hatte ja auch sein Studium mit einer philosophischen Dissertation abgeschlossen – ließ ihn enge Kontakte mit Wissenschaftlern, Politikern und Künstlern pflegen. Seine »Freitagabende«, an denen es zu den Diskussionen nichts als Kaffee gab, waren berühmt. Auch der schon betagte Staatspräsident Tomáš Garrigue Masaryk, von Haus aus ja selbst Philosoph und Soziologe, beehrte immer wieder diesen Kreis; er war dem vierzig Jahre jüngeren Čapek fast freundschaftlich zugetan, so vertrauensvoll jedenfalls, daß er seine mündliche Autobiographie durch ihn schreiben ließ (*Gespräche mit T. G. M.*, 1928/1931/1935).

Karel Čapek starb mit 48 Jahren am Weihnachtstag 1938; sein Bruder Josef wurde nach dem deutschen Einmarsch verhaftet, in verschiedene KZs verbracht, er starb im April 1945 im Lager Bergen-Belsen, wenige Tage bevor es befreit wurde.

Gegenüber der Einmündung der Říční in Újezd, am Fuß des Laurenzibergs (Petřín), stand eine Kaserne. Dort kam 1834 Jan Neruda zur Welt, sein Vater war Kantinenwirt der Kaserne. Der tschechische Name für den »Hausberg« der Prager, Petřín, leitet sich von seinem mittelalterlichen Namen »Petersberg« ab; der deutsche, Laurenziberg, von der im Kern noch romanischen Laurentius-Kapelle oben auf dem Hügel. Bis ins 18. Jahrhundert hinein wurde Wein angebaut, dann legte man Gärten an. Der »Seminargarten« (er gehörte dem Jesuitenkolleg) ist noch heute ein Obstbaumparadies.

Im Frühjahr zur Baumblüte, im Winter, wenn die lichten Bäume die schönsten Ausblicke auf die Stadt gaben, an warmen Sommerabenden – der Laurenziberg/Petřín war eins der beliebtesten Ziele von Spaziergängern. Liebespaare suchten ihn natürlich besonders gern auf. Und für die war es fast rituelle Pflicht, am Denkmal des Karel Hynek Mácha – das Josef Václav Myslbek 1910 zum hundertsten Geburtstag des Dichters schuf – vorüberzugehen, ihn mit einem Sträußlein, einer scheuen Berührung zu ehren. Der ganz jung verstorbene Mácha ist den Tschechen *der* Dichter der Romantik. Sein Poem *Máj* (Mai) genießt zeitlose Popularität. Dabei wirkt es für Frischverliebte nicht unbedingt einladend: *Máj* ist eine große Schauerballade – aus Eifersucht erschlägt der Sohn unwissend seinen Vater und wird hingerichtet. Liebe ist tödliche Verstrickung, die menschliche Tragödie steht in grellem Kontrast zur wonnevollen Maiblüte der Natur, die Mácha mit rauschenden Versen feiert. Das Poem endet mit der verunsichernden Frage nach der eigenen Identität, der letzten Frage aller Romantiker, auf die Rimbaud dann eine Antwort finden wird mit seinem berühmten »Je est un autre«.

Der Laurenziberg, dieser große Garten über der Stadt, war ein geeigneter Ort auch für beschauliches Nachdenken, ungestörtes Meditieren. Der kranke, vereinsamte Paul Leppin dichtete Verse voll Melancholie:

Auf dem Laurenziberg

Herbsttag im Prager Seminargarten

Das ist das ewige Antlitz der Welt:
Ein Stern, der verlöschend ins Grundlose fällt,
Ein blutheller Tropfen, der bitter gerinnt,
Raketen im Finstern, ein goldener Wind.

Ich habe die Dinge des Lebens vertan,
Nun kommt mich das Heimweh des Alternden an.
Kraftlose Sonne liegt schräg auf dem Land,
Der Parkweg ist staubig, vom September verbrannt.

Rauchfahnen vernebeln den Glanz überm Fluß –
Es ist immer das Schönste, was absterben muß:
Das Licht des Himmels und die Fülle der Zeit
Und die bräutliche Flamme der Zweisamkeit.

Die alte Stadt drängt unfroh und blank
Die rostroten Giebel gegen den Hang.
Symbole von gestern ziehn sturmscheu und schmal
Als gleitender Vogelflug über das Tal.

Und auf den Laurenziberg situiert Kafka in der Tagebuch-
eintragung von Februar 1920 einen entscheidenden Mo-
ment seiner jungen Jahre. Ihm war, wie verrätselt auch immer, die Berufung zum Schreiben klargeworden:

»Es handelt sich um folgendes: Ich saß einmal vor vielen
Jahren, gewiß traurig genug, auf der Lehne des Laurenzi-
berges. Ich prüfte die Wünsche, die ich für das Leben hatte.
Als wichtigster oder als reizvollster ergab sich der Wunsch,
eine Ansicht des Lebens zu gewinnen (und – das war allerdings notwendig verbunden – schriftlich die andern von

ihr überzeugen zu können) in der das Leben zwar sein na-
türliches schweres Fallen und Steigen bewahre aber gleichzeitig mit nicht minderer Deutlichkeit als ein Nichts, als
ein Traum, als ein Schweben erkannt werde. Vielleicht ein
schöner Wunsch, wenn ich ihn richtig gewünscht hätte. Etwa als Wunsch einen Tisch mit peinlich ordentlicher Hand-
werksmäßigkeit zusammenzuhämmern und dabei gleichzeitig nichts zu tun und zwar nicht so daß man sagen
könnte: ›ihm ist das Hämmern ein Nichts‹ sondern ›ihm
ist das Hämmern ein wirkliches Hämmern und gleichzeitig
auch ein Nichts‹, wodurch ja das Hämmern noch kühner,
noch entschlossener, noch wirklicher und wenn Du willst
noch irrsinniger geworden wäre. Aber er konnte gar nicht
so wünschen, denn sein Wunsch war kein Wunsch, er war
nur eine Verteidigung, eine Verbürgerlichung des Nichts,
ein Hauch von Munterkeit, den er dem Nichts geben
wollte, in das er zwar damals kaum die ersten bewußten
Schritte tat, das er aber schon als sein Element fühlte. Es
war damals eine Art Abschied, den er von der Scheinwelt
der Jugend nahm; sie hatte ihn übrigens niemals unmittel-
bar getäuscht, sondern nur durch die Reden aller Autoritä-
ten rings herum täuschen lassen. So hatte sich die Notwendigkeit des ›Wunsches‹ ergeben.«

Auf der Südseite des Berges, vom Kloster Strahov über
einen Kilometer lang nach unten bis zu den Kinský-Gär-
ten, verläuft eine Befestigungsmauer. Karl IV. ließ sie 1360
im Zuge der Stadterweiterung der Kleinseite errichten. Der
Überlieferung nach war das auch als Arbeitsbeschaffungs-
maßnahme für eine darbende Bevölkerung gedacht, daher nennt man sie »Hungermauer«. Durchblicke durch die
Mauer oben auf dem Berg lassen links, wo das große Sport-
stadion ist, noch Reste der ehemaligen Strahover Steinbrü-

che erahnen. Kafka-Forscher vermuten, daß die Hungermauer die Anregung zu einer (damals unveröffentlichten)
Erzählung Kafkas vom März 1917 gab: *Beim Bau der chi-
nesischen Mauer*. Zur selben Zeit bezog Kafka das nahe
gelegene Schönborn-Palais. Die Strahover Steinbrüche sind
auch jener triste Ort, an dem im *Prozeß* Josef K. schließlich
»wie ein Hund« erstochen wird. Im Schlußkapitel des Romans wird K. »am Vorabend seines einunddreißigsten Ge-
burtstages« von den beiden Exekutoren abgeholt:

»Alle drei zogen nun in vollem Einverständnis über eine
Brücke im Mondschein, jeder kleinen Bewegung, die K.
machte, gaben die Herren jetzt bereitwillig nach, als er
ein wenig zum Geländer sich wendete, drehten auch sie
sich in ganzer Front dorthin. Das im Mondlicht glänzende
und zitternde Wasser teilte sich um eine kleine Insel, auf
der wie zusammengedrängt Laubmassen von Bäumen und
Sträuchern sich aufhäuften. Unter ihnen jetzt unsichtbar
führten Kieswege mit bequemen Bänken, auf denen K. in
manchem Sommer sich gestreckt und gedehnt hatte. (...)
    Sie kamen durch einige ansteigende Gassen, in denen hie
und da Polizisten standen oder giengen, bald in der Ferne,
bald in nächster Nähe. (...)
    So kamen sie rasch aus der Stadt hinaus, die sich in die-
ser Richtung fast ohne Übergang an die Felder anschloß.
Ein kleiner Steinbruch, verlassen und öde, lag in der Nähe
eines noch ganz städtischen Hauses. Hier machten die Herren halt, sei es daß dieser Ort von allem Anfang an ihr Ziel
gewesen war, sei es daß sie zu erschöpft waren, um noch
weiter zu laufen. Jetzt ließen sie K. los der stumm wartete,
nahmen die Cylinderhüte ab und wischten sich, während
sie sich im Steinbruch umsahen, mit den Taschentüchern
den Schweiß von der Stirn. Überall lag der Mondschein

St. Niklas auf der Kleinseite

mit seiner Natürlichkeit und Ruhe, die keinem andern Licht gegeben ist.«

Legt man den Prager Stadtplan als Folie über den angedeuteten Weg, so mag man ihn lesen als: Smetana-Brücke (most Legií) und Schützeninsel (Střelecký ostrov); »ansteigende Gassen« der Kleinseite mit ihrer Militär- und Polizeipräsenz (Gendarmeriekaserne in der Karmelitská); schließlich der verlassene Steinbruch, damals schon außerhalb der Stadt. Trotzdem: der *Prozeß* unterscheidet sich von Kafkas früher Erzählung *Beschreibung eines Kampfes*, in der einige Lokalitäten exakt bestimmt werden können und zum Teil auch mit Namen genannt sind. Er ist auch anders als die Prager Geschichten von Leppin, Meyrink, Perutz und manch anderen, oder als Rilkes frühe Prag-Gedichte, die sich fast wie gereimte Stadtführer lesen – im *Prozeß* ist die Prager Topographie wie verwischt, man kann sagen: ins Zeitlose, Über-Individuelle entlokalisiert. Und damit wiederum wird man auch Kafkas Eigenart in Beziehung bringen, seine rätselhaften Geschichten in ihren Rätseln zu belassen, sie nicht zu deuten, sondern dies dem Leser anheimzugeben. Daher geht eine ungebrochene Faszination von diesen Texten aus, und die Deutungsflut ihrer Interpreten will nicht enden.

Vom Laurenziberg kommen wir über die Petřínské schody – Ewige Stiege von den Prager Deutschen genannt – in die Vlašská. Am ehemaligen »Welschen [Italienischen] Spital« (heute das Italienische Kulturinstitut) vorbei geht es links in die Nerudova (Spornergasse), die hinunter zum Kleinseitner Ring führt. Sie gibt heute noch den schönsten Eindruck von der alten Kleinseite. Benannt wurde sie nach Jan Neruda, der im Haus »Zu den zwei Sonnen« (Nr. 47) seine Jugendjahre verbrachte und dort seinen ersten Gedichtband schrieb – *Hřbitovní kvítí* (Friedhofsblumen), 1857, provozierend schon durch den Titel. Nach einem kurzem Intermezzo als Lehrer für Deutsch und Tschechisch wandte sich Neruda dem Journalismus zu und war bis an sein Lebensende für die *Národni listy* tätig, die maßgebliche tschechische Zeitung. Nerudas Feuilletons sind fast unzählbar: Literatur-, Theater- und Kunstkritiken, Reiseberichte, am nachhaltigsten aber wirksam seine Reportagen und Studien aus dem Alltagsmilieu der kleinen Leute. Sie waren sozialkritisch, aber doch auch vom unparteiisch realistischen, gelegentlich auch unbeteiligt ironischen Blick des Journalisten bestimmt. Egon Kisch lernte am meisten von diesen Reportagen. Dazu gehört etwa die kurze, höchst ungemütliche Geschichte mit dem Behaglichkeit versprechenden Titel *Wie sich Herr Vorel seine Meerschaumpfeife angeraucht hat.* Herr Vorel eröffnet in der Spornergasse einen Krämerladen, aber die Alteingesessenen der Kleinseite schneiden den vom Land zugezogenen Fremden. Kein Kunde kommt, Vorel raucht tagelang in verzweifelter Langeweile seine Pfeife; endlich kauft eine Frau Graupen, aber »abends erzählen sich schon alle Nachbarn, daß im Laden des Herrn Vorel alles nach Tabakrauch rieche, daß das Mehl brandig und die Graupen geselcht seien. Und Herr Vorel hieß ab jetzt nur noch der ›geselchte Krämer‹ – sein Schicksal war besiegelt. (...) Der Laden vereinsamte und verarmte. (...) Endlich, einen Tag vor dem Auszug, blieb der Laden ganz geschlossen.

Den nächsten Tag versammelte sich vor dem geschlossenen Laden des Herrn Vorel eine Menschenmenge, und von neun Uhr früh bis abends war der Platz voll von Leuten. Man erzählte, daß der Hausherr, nachdem er Herrn Vorel nirgends finden konnte, den Laden gewaltsam öffnen ließ, daß dabei ein Stuhl durch die Türe auf die Gasse fiel und Herr Vorel ganz oben an einem Nagel hing.

Um zehn Uhr kam die Gerichtskommission und trat durch das Haus in den Laden. Sie nahmen den Selbstmörder herab; Herr Uhmühl, der Polizeikommissar von der Kleinseite, half mit.

Er griff in den Rock des Toten und holte eine Pfeife heraus. Er hielt sie gegen das Licht und sagte: ›Eine so schön angerauchte Meerschaumpfeife habe ich noch nicht gesehen – schauen Sie einmal her!‹«

Dies ist eine von den *Kleinseitner Geschichten (Povídky malostranské)*, die Neruda 1878 herausgab (erste deutsche Übersetzung 1885). Bis heute gehören sie zu den allgemein bekannten Werken der tschechischen Literatur.

Eine kuriose Geschichte ist, wie der chilenische Dichter Neftalí Ricardo Reyes Basualto dazu kam, sich »Pablo Neruda« zu nennen. Die offizielle Version, im Sinne sozialistischer Bruderschaftsideologie, wird heute noch verbreitet: Er habe es getan, »um seiner Verehrung für den tschechischen Autor« und dessen sozialkritisches Engagement »Ausdruck zu geben«. In Nerudas Lebenserinnerungen *Ich bekenne, ich habe gelebt* lesen wir etwas anderes:

»Das Salz der Erde hatte sich in Mexiko versammelt. Exilschriftsteller aus allen Ländern hatten sich in den Schutz der mexikanischen Freiheit begeben, solange der Krieg sich in Europa hinzog und Hitlers Streitkräfte Sieg auf Sieg erkämpft und bereits Frankreich und Italien besetzt hatten. Da waren Anna Seghers und, unter anderen, der mittlerweile verstorbene tschechische Reporter Egon Erwin Kisch. Dieser Kisch hat einige faszinierende Bücher hinterlassen, ich bewunderte seinen Erfindungsreichtum, seinen kindlichen Vorwitz und seine Zauberkunststücke.

Kaum betrat er meine Wohnung, da zog er bereits ein Ei aus seinem Ohr, oder er schluckte nacheinander bis zu sieben Münzen, die dem armen großen verbannten Schriftsteller sicherlich sehr fehlen mußten. Wir hatten uns bereits in Spanien kennengelernt, und da er unbedingt wissen wollte, warum ich mich Neruda nannte, ohne mit diesem Nachnamen geboren zu sein, sagte ich scherzend:

›Großer Kisch, du hast zwar das Geheimnis des Oberst Redl aufgeklärt (ein berühmter Spionagefall Österreichs aus dem Jahre 1914), aber nie wirst du das Geheimnis meines Namens Neruda aufklären.‹

Und so war es. Er sollte in Prag sterben, bedacht mit allen Ehren seines mittlerweile befreiten Vaterlandes, doch sollte er nicht herausfinden, warum Neruda Neruda hieß.

Die Antwort war zu simpel und so bar des Wunderbaren, daß ich wohlweislich den Mund gehalten hatte. Als ich vierzehn Jahre alt war, verfolgte mein Vater argwöhnisch meine literarische Tätigkeit. Um die Veröffentlichung meiner ersten Verse zu vertuschen, suchte ich mir einen Nachnamen, der völlig unverdächtig war. In einer Zeitschrift fand ich diesen tschechischen Namen, ohne überhaupt zu wissen, daß es sich um einen von einem ganzen Volk verehrten großen Schriftsteller handelte, den Verfasser herrlicher Balladen und Romanzen, dem Prag im Stadtteil Malá Strana ein Denkmal errichtet hat. Viele Jahre später, kaum in Prag angekommen, legte ich eine Blume zu Füßen seines bärtigen Standbilds nieder.«

Im Schönborn-Palais in der Tržište (Nr. 15, heute Sitz der US-Botschaft) hatte Kafka, nachdem er aus dem Haus »Zum blauen Hecht« in der Altstadt ausgezogen war, von März 1917 an eine kleine »Wohnung im zweiten Stock« (links, hinter den drei Fenstern), »etwas niedrigere Zimmer, Gassenaussicht, vor den Fenstern ganz nahegerückt der Hradschin«; und gleichzeitig stand ihm im Alchimistengäßchen oben auf der Burg das kleine Häuschen als abgeschiedenes Schreib-Refugium zur Verfügung. Aber schon im August desselben Jahres erlitt Kafka einen ersten schweren Blutsturz infolge der Lungentuberkulose. Im September gab er Wohnung und Arbeitshäuschen auf, es begannen die mehrfachen Kur- und Sanatoriumsaufenthalte.

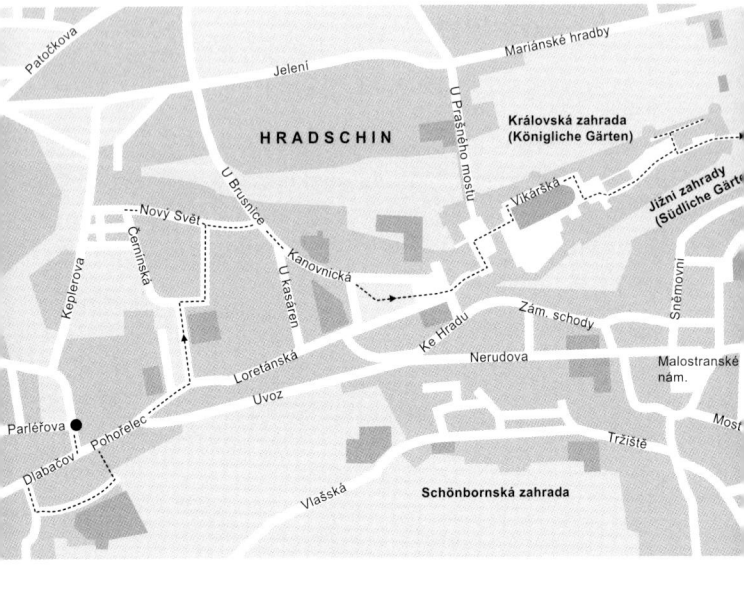

Fünfter Spaziergang:
Hradschin

Zum Hradschin fahren wir mit der beliebten Tram 22 oder 23 vom Kleinseitner Ring aus: die ganze Länge des Waldstein-Gartens entlang, die steilen Kurven der Chotkova hinauf, schließlich um die Burg herum, von Osten über Norden bis zum westlichen Ende des ganzen Burgbergs – Haltestelle »Pohořelec«. (Auf der letzten Fahrtstrecke sieht man linker Hand etwas von den Befestigungsanlagen; auf dem Stadtplan ist es allerdings noch deutlicher.) Wir sind am alten Stadtrand von Prag, am Rand des Burgbergs. Er trägt die eigentliche Burg (Pražský hrad) und eine später westlich davon entstandene Siedlung, Hradčany, die schon um 1320 eine »Stadt« war, Mauern und Tore hatte und, bis 1784, ein Rathaus (Loretoplatz 1).

Von der Tramhaltestelle gehen wir zuerst hinüber zum Kloster Strahov, das 1140, nur wenige Jahre nach der Ordensgründung durch Norbert im französischen Prémontré gegründet wurde. Es war das erste Prämonstratenserkloster in Böhmen. Die großen Klöster, besonders die der Benediktiner und Prämonstratenser, sahen immer auch Gelehrsamkeit und Wissensvermittlung als wichtige Aufgabe. Die Strahover Stiftsbibliothek zählt mit hundertdreißigtausend Büchern und über zweitausend Handschriften zu den bedeutenden ihrer Art im ganzen süddeutsch-österreichischen Raum. Milo Grün, ein Abt deutscher Herkunft, stellte Anfang des 19. Jahrhunderts in Denkschriften energisch die Notwendigkeit der Pflege der tschechischen Sprache heraus. Von gleicher Weltoffenheit war Jan Bohumír Dlabač, der als Chorherr unter Abt Grün Direktor der Bibliothek und der Archive war: sein dreibändiges *Allgemeines historisches Künstler-Lexikon für Böhmen und zum Teil auch für Mähren und Schlesien* (1815), kurz »der Dlabač« genannt, ist für die Erforschung der Kunst- und Bildungsgeschichte Böhmens unverzichtbar geworden.

Pohořelec, ursprünglich eine kleine Siedlung vor Hradčany, hat seinen makabren Namen (»Brandplatz«) von drei Großfeuern, die Hradčany samt Umgebung jeweils weitgehend zerstörten: 1420 (im Hussitenkrieg), 1541 (Hradčany und Kleinseite brannten nieder) und 1742 (beim Einfall der Franzosen). Dem Wiederaufbau nach 1742 also verdankt sich der fast einheitlich spätbarocke Charakter der platzartigen Straße. Im Hof des »Kepler-Gymnasiums« (Ecke Keplerova/Parléřova) sind, wie eine Gedenktafel mitteilt, »Reste des denkwürdigen Renaissancebaues, in dem seit Juni 1599 der dänische Astronom Tycho Brahe mit seiner Familie wohnte, des Hauses, in dem er gemeinsam mit dem deutschen Astronomen Johannes Kepler wissenschaftliche Beobachtungen betrieb und in dem er am 24. Oktober 1601 gestorben ist«.

Am Loretoplatz spricht, mit geballter Kraft geradezu, die Macht des kaisertreuen Adels und des Katholizismus – das Barock der Gegenreformation. Das Kapuzinerkloster (Nr. 6) wurde 1600 gegründet (die Lobkowitz schenkten einen Garten dafür). Es ist das älteste in Böhmen und berühmt wegen seiner riesigen barocken Weihnachtskrippe. Einer Überlieferung nach war es hier in diesem Kapuzinerkloster, daß ein junger Offiziersbursche, ein brandenburgischer Protestant, um 1625 Katholik wurde. Er trat in den Orden ein und wirkte dann wenige Jahre später, von Wien und dem berühmten steirischen Marienwallfahrtsort Maria Zell aus, als wortmächtiger und äußerst populärer

St. Maria-Loreto

Wanderprediger: Prokop von Templin. Prokop ist der erste große Barockprediger, später nur übertroffen von dem heute noch dem Namen nach bekannten Abraham a Santa Clara, den dann Schiller mit seiner »Kapuzinerpredigt« im *Wallenstein* verewigte. (Der historische »Abraham« – Johann Ulrich Megele – war allerdings Augustiner; jedoch waren generell die Kapuziner als die wirkungsvollsten Prediger bekannt.) Prokops Predigten – über zweitausend an der Zahl, die in den 1660er und 70er Jahren in einer stattlichen Reihe von Bänden gedruckt wurden – sind gelegentlich Lieder angehängt, auch umfangreichere Gedichte, die gleichsam gereimte Seelsorge betreiben. Die schlichte Form und Sprache bewog Achim von Arnim und Clemens Brentano, rund ein Dutzend von Prokops Liedern in ihre Sammlung *Des Knaben Wunderhorn* (1806-08) aufzunehmen.

Das prächtigste Zeugnis des Rekatholisierungseifers nach der Schlacht am Weißen Berg und des Marienkults, da man den Sieg auch dem Eingreifen der himmlischen Jungfrau zu verdanken glaubte, ist das »Loreto«. Die fromme Lobkowitz-Stiftung ist die gegen 1630 entstandene Kopie jenes Marienhauses, das, wie die Legende will, Engel aus Nazareth über Dalmatien 1295 nach Loreto bei Ancona transportiert haben. Der Kreuzgang, mit den vielen Beichtnischen für die Pilger, kam dann hinzu, im 18. Jahrhundert schließlich die Kirche. Überreich ist die Schatzkammer. Ihr Prunkstück, an materiellem Wert zumindest, ist eine meterhohe Monstranz mit Tausenden von Edelsteinen und Diamanten.

Italienischer Barock schmückt auch die Westseite des Platzes, dem Loreto gegenüber: das kolossale Czernin-Palais, das sich Jan Graf Czernin, der kaiserliche Gesandte in Venedig, von 1670 an gänzlich durch italienische Künstler errichten und ausstatten ließ. Nicht verwunderlich, daß dieser in Prag geradezu auffallend protzige Bau der deutschen Besatzungsmacht als Sitz des »Reichsprotektors« passend erschien. Nach Kriegsende wurde das Palais wieder Außenministerium, und hier kam es im März 1948, wenige Tage nach dem »siegreichen Februar« des kommunistischen Staatsstreichs, zum letzten der politischen Prager Fensterstürze: der Außenminister der ČSR, Jan Masaryk, der Sohn des Staatsgründers, fand bei einem Sturz aus einem Fenster seiner Dienstwohnung den Tod. Ob es Mord war oder Freitod, ist nie geklärt worden.

Die Kapuzinergasse nach Norden hinunter, zur Stadtmauer und zum Bach Brusnice, führt in eine kleine Ansiedlung, Nový svět (Neue Welt), mit der gleichnamigen Hauptgasse. (Vielleicht ist der seltsame Name doch eine Art ironisches Echo auf die großen Weltentdeckungen seit dem Ende des 15. Jahrhunderts? In der Altstadt von Graz gibt es auch eine Gasse »Neue Welt«, mit einem exotischen Tier – einem Elefanten – als Schmuck an einer Hausecke.) Trotz Restaurants und Restaurierung wirkt das Quartier mit den Vorstadthäuschen leicht verkommen, der Blick streift auch seltsame Künstlerateliers. Etwas von diesem eher unsoliden Ruf hat Nový svět schon lange. Hier läßt Franz Werfel in seinem letzten Roman aus dem böhmisch-mährischen Milieu, *Der veruntreute Himmel* (1939), den betrügerischen Neffen der armen Teta Linek seine verkommene, verlorene Existenz führen.

»Diese Gegend heißt mit Unrecht die ›Neue Welt‹. Sie liegt auf der Höhe des uralten Burgbezirkes jenseits des Flusses, eingebettet zwischen der sogenannten Brandstätte und dem ehemaligen Garnisonsgericht. In vergangenen Zeiten vermischte sich hier der Fliederduft des Frühlings mit den martialischen Gerüchen der nahen Kasernen, dem gärenden Arom des Kommißbrotes, des Lederzeugs und des Pferdemistes von der offenen Reitschule herüber. Diese ›Neue Welt‹ hat einer neueren noch nicht Platz gemacht. Baufälliges Winkelwerk von Häusern drängt sich hier wie auf Abbruch. Versehentlich hat die weit ins Land hinauszielende Entwicklung der Stadt diesen Moder links liegenlassen, mit seinen schiefen Dächern, wurmstichigen Loggien, schmutzigen Höfchen und ausgetretenen Holzstiegen. Die ›Neue Welt‹ hat die billigsten Mieten, denn man wohnt hier auch nur auf Abbruch und Widerruf, wiewohl auf historischem Boden. Das Prager Volk hat im Gegensatz zu den fremden Bewunderern seiner Stadt nicht allzuviel Sinn für Romantik. Es flieht die barocken Durchhäuser und Schwibbögen der altertümlichen Bezirke und zieht die weiten, lichten Vorstädte mit ihren ineinandergeschobenen Betonschachteln vor, von denen eine jüngst Tetas Mißbilligung erregte. In den unausgetrockneten Sümpfen der Vergangenheit wie in dieser ›Neuen Welt‹ leben nur mehr düstere Kleinbürger von der geringfügigsten Sorte, ein paar närrische Sonderlinge oder Schiffbrüchige und Herabgekommene, die sich ein besseres Obdach nicht leisten können.«

Dasselbe etwas verdächtige Milieu, changierend zwischen Armut, Boheme und Laster, skizziert Meyrink in seinem Roman *Walpurgisnacht* (1917). Er wirbelt ähnlich wie der *Golem* mit kunstvollem Verwirrspiel die Zeiten und Räume, Handlungen, Phantasmagorien und Träume durcheinander. In Nový svět Nr. 7 lokalisiert der Roman die Behausung der »böhmischen Liesel«, einer Wahrsagerin mit ihren nicht weniger sonderbaren Untermietern. Meyrink präsentiert sich hier sehr effektvoll wieder in sei-

Königliche Residenz und St. Veits-Dom

ner Lieblingsrolle: als Obermystifikator eines geheimnisvollen, magischen Prag.

Die Neue Welt war aber auch einfach nur ein dörfliches Ambiente ganz nah an der Stadt. Im 19. Jahrhundert waren die Wirtshäuser, Biergärten und Tanzböden ein beliebtes Sonntagsausflugsziel der Prager. Eine solche heitere Nový svět hört man aus den böhmischen Tanzmelodien im 3. Satz, dem *Scherzo*, von Antonín Dvořáks 9. Sinfonie deutlich heraus. Es ist jene Sinfonie, die er 1893 in New York schrieb. Er verwendet dabei reichlich mehr oder weniger originale »Indianer«- und »Neger«-Melodien. Dank der Bejubelung durch die amerikanische Presse besitzt sie bis heute eine völlig überzogene Popularität – unter Dvořáks Sinfonien ist sie weder die schönste noch die interessanteste, vielleicht die effektvollste freilich. Die *Sinfonie »Aus der Neuen Welt«* bekam ihren Titel erst kurz bevor Dvořák seine handschriftliche Partitur an den Dirigenten gab. Ein tschechischer Freund des Komponisten berichtet: »Das Hinzufügen der Bezeichnung *Z nového světa* im letzten Augenblick war einer der unschuldigen Späße des Meisters und bedeutet nichts mehr als ›Eindrücke und Grüße aus der Neuen Welt‹, wie er sich selbst einmal ausdrückte. Und so, als es endlich zur Aufführung der Sinfonie kam und am nächsten Tag der Meister die verschiedenen Meinungen las, die die Herren Referenten ihren Lesern über den Titel vorlegten, lachte er und sagte: ›Es scheint, ich habe ihnen ein wenig den Kopf verdreht‹, und er fügte hinzu: ›Bei uns zu Hause versteht jeder gleich, was ich gemeint habe!‹« Musikalische Grüße des Amerikareisenden an die geliebte Heimatstadt, aus der Neuen Welt Amerikas in die Prager Nový svět – und ein bißchen švejkisches Augenzwinkern ist auch noch dabei.

Der Hradčanské náměstí, Zentrum der Stadt »Hradčany«, zeigt noch heute seinen mittelalterlichen Grundriß, trotz der Neugestaltung nach dem großen Brand von 1541: an die Stelle der Bürgerhäuser kamen damals Palais kirchlicher Würdenträger und des Adels – der Palast des Erzbischofs (Nr. 16), das Domkapiteldekanat (Nr. 12), die Domherrenhäuser (Nr. 6, 7, 13, 14), der ausladende Renaissancepalast der Lobkowitz (Nr. 2; nach 1719 Schwarzenberg-Palais, jetzt Historisches Militär-Museum) und das repräsentative Martinic-Palais (Nr. 8). Jaroslav Bořita Martinic war einer der beiden königlichen Statthalter, die am 23. Mai 1618 aus der Böhmischen Kanzlei der Burg in den Burggraben geworfen wurden. Der Fenstersturz löste den Dreißigjährigen Krieg aus. Martinic jedoch landete unverletzt auf einem Abfallhaufen und konnte nach München flüchten. Nach dem kaiserlichen Sieg am Weißen Berg (1620) kam er nach Prag zurück und genoß seinen Triumph mit der prunkvollen Vollendung seines Palais.

Rilke charakterisiert den Platz in seiner Erzählung *König Bohusch*:

»Der Platz vor der königlichen Burg in Prag sieht trotz der ärmlichen Allee, welche ihn überquert, sehr vornehm aus. Das macht: er ist ganz von Palästen umrahmt. Am mächtigsten wirkt die breite Stirne der alten Königsburg mit dem großen weißen Vorplatz, hinter dessen barocken Gittern der unermüdliche Wachposten auf und ab pendelt. Das Stammhaus des Fürsten von Schwarzenberg und ein anderes, etwas langweiliges Gebäude schauen wie in steter Verbeugung begriffen herüber, und zur Rechten des Schlosses wacht in etwas protziger Pose der neugestrichene Palast des Erzbischofs über die kleinen Wohnhäuser der Prälaten und Domherrn, die sich nahe an ihren mächtigen Patron heranschmeicheln. An einer Ecke nur, zu seiten der Burg, wo die Schloßstiege und die steile Spornergasse münden, ist eine Lücke geblieben, und tief drinnen liegt in herrlichen Panoramen, zwischen den Laurenziberg und das Belvedere gedrängt – Prag – dieses reiche, riesige Epos der Baukunst. Voll Licht und Leben spannt es sich aus vor den Augen des Hradschin, und zu seinen alten fügen sich immer würdig neue, glänzende Strophen.«

Die Prager Burg, die man von Westen her durch das barocke Tor betritt, war seit 1158 Sitz des böhmischen Königs. Der ganze Komplex aus Palästen, Kirchen und Klöstern bietet dank Um- und Neubauten aus mehreren Jahrhunderten ein einzigartiges Denkmal aller Baustile von der Romanik bis ins 20. Jahrhundert. Als die einschneidendste Veränderung fällt die monumental einheitliche, die Ansicht von der Stadtseite bestimmende Südfront ins Auge, 1753-75 unter Maria Theresia errichtet. Die neugotische Vollendung des St.-Veits-Doms wurde 1929 gefeiert – ein Jahrzehnt nach der tschechoslowakischen Staatsgründung.

Karl IV. (Kaiser 1355-1378) verdankt Prag seine erste Glanzzeit. Nach ihm war der Hradschin nur noch einmal Kaiserresidenz: unter dem Habsburger Rudolf II. (1576-1612). Er verlegte 1582 seinen Hof formell von Wien nach Prag, denn er hatte sich schon seit seiner Krönung zum König von Böhmen 1575 lieber an der Moldau aufgehalten. Über Rudolf ist soviel geschrieben worden wie kaum über einen anderen Herrscher: historische Arbeiten und erzählende Biographien, in kunsthistorischen Untersuchungen begegnet er ebenso wie in Dramen (Grillparzer, *Ein Bruderzwist in Habsburg*) oder in der Belletristik (z. B. Brod, *Tycho Brahes Weg zu Gott*, 1915; Leo Perutz, *Nachts unter der steinernen Brücke*, 1953). Rudolf war eine Persön-

Wladislaw-Saal im Alten Königspalast

lichkeit mit vielen Facetten: Er förderte die Wissenschaften und die Künste, er war ein manischer Kunstsammler, aber auch introvertiert und melancholisch. Rudolf holte 1599 den dänischen Astronomen Tycho (de) Brahe nach Prag (der starb jedoch bereits 1601, sein Grabmal ist in der Teynkirche) und im Jahr darauf Johannes Kepler. Rudolfs Hofkapelle gehörte wohl zu den größten der Zeit. Sein Ruhm als Mäzen und Liebhaber der Künste war geradezu sprichwörtlich, seine »Kunstkammer« wurde nach seinem Tod ausgeplündert, zuerst vom eigenen Bruder Matthias, dann vom bayerischen Kurfürsten, zuletzt von den Schweden. Sie war ein gigantischer Hort von besonderen Dingen, wissenschaftlichen Apparaten, Automaten, Naturraritäten und Kunsthandwerklichem jeglicher Art. Dem Geist des Humanismus entsprechend, aber wohl auch aus praktischen Gründen – die Künstler- und Gelehrtengesellschaft kam ja aus mancherlei Ländern – wurde am Hof vorzugsweise lateinisch gedichtet. Hochgerühmt in diesem Kreis (man pries sie als zehnte Muse und vierte Grazie) war die aus England stammende Dichterin Jane Elizabeth Weston (Vestonia). Sie starb 1612, im selben Jahr wie der Kaiser, dreißig Jahre alt, und wurde in der Kleinseitner Thomaskirche begraben. Lateinische Gedichte der Vestonia wurden zu ihrer Zeit gedruckt und auch außerhalb Prags beachtet, später wurden sie auch ins Tschechische übersetzt.

Auf der Nordseite des Doms, in dem Gäßchen Vikářská, stößt man auf die alte Weinstube Vikárka. Ihre Untergelasse reichen tief in die mittelalterlichen Burgmauern hinein. Hier beginnt im Zustand nächtlicher Volltrunkenheit ein *Wahrhaftiger Ausflug des Herrn Brouček auf den Mond* (1888), eine der beliebtesten Erzählungen von Svatopluk Čech. Matěj Brouček – zu deutsch: »Käferlein« – ist Prager kleinbürgerlicher Hausbesitzer. Er vertritt den Typus des selbstzufriedenen, an allem außer dem eigenen Wohlbehagen desinteressierten Spießers, den Čech in seinen Satiren häufiger aufs Korn genommen hat. Herr Käferlein also fliegt von der Alten Schloßstiege aus direkt zum Mond, wo er die drolligsten Diskussionen mit dort lebenden Philosophen und Künstlern führt. Diese erscheinen natürlich auf ihre Weise genauso lächerlich wie der staunende und bestaunte Erdling. Daß vor allem ätherische Literaten »auf dem Mond« leben, wird Brouček bald klar – und wir freuen uns an der brillanten deutschen Übersetzung von Peter Sacher:

»Die Mondmenschen prononcieren ihr Tschechisch mit einem seltsamen Singen, Dehnen, Winden, Schluchzen, Zischen, Flüstern und Grollen – kurz, auf eine Art und Weise, wie man auf der Erde nirgendwo spricht, außer vielleicht auf unseren Bühnen, wo einige Schauspieler darum bemüht sind – vor allem in den sogenannten klassischen Stücken –, eine von allem irdischen Sprechen möglichst abweichende Diktion zu verwenden.

Das Wörterbuch der Mondsprache hat eine Vielzahl von Wörtern getilgt, die im irdischen Tschechisch allgemein gebräuchlich sind, und hat sie entweder durch weniger gebräuchliche oder ganz ungewöhnliche Wörter ersetzt oder verwendet an ihrer Statt verschiedene Umschreibungen. So sagt man in der Mondsprache niemals einfach nur ›Auge‹, sondern ›Licht‹ oder ›Blick‹ (bei Frauen häufig ›Stern‹ oder ›Vergißmeinnicht‹ – die Verwendung mancher Wörter ausschließlich beim schönen Geschlecht ist ein Charakteristikum der Mondsprache!); nicht ›Mund‹, sondern ›Lippen‹ (bei Frauen ›Erdbeeren‹ oder ›Korallen‹); nicht ›Zähne‹, sondern ›Perlen‹; nicht ›Haare‹, sondern ›Locken‹, ›Schopf‹, ›Flausch‹, ›dunkle Wolken‹, ›Goldregen‹; nicht ›Wiese‹, sondern ›Blumenmatte‹; nicht ›Wasser‹, sondern ›Naß‹, ›Tiefe‹, ›Spiegel‹, ›Kristall‹; nicht ›Himmel‹, sondern ›Blänke‹, ›Azur‹, ›Baldachin‹; nicht ›weiß‹, ›blau‹, ›grün‹ oder ›gelb‹, sondern ›lilien‹, ›saphiren‹, ›smaragden‹, ›golden‹; nicht ›ging‹, sondern ›schritt‹, ›begab sich‹. (…) Überhaupt macht es den Anschein, als hätten sich die Mondmenschen zum Ziel gesetzt, so zu sprechen und zu schreiben, daß die Zuhörer und Leser möglichst nichts davon verstünden.«

Ein neues Abenteuer Broučeks, das Čech ein Jahr später ersann, führt den Biedermann vom Hradschin durch einen unterirdischen Gang ins Prag von 1420, direkt in den entscheidenden Hussitenkampf. Žižka und seine Leute erwarten, daß er mit ihnen gegen das kaiserliche Heer kämpfe, doch der träge Kleinbürger des späten 19. Jahrhunderts denkt nicht daran und versteckt sich schließlich in einem Faß. Er wird gefunden, seine Erklärungen von einer Zeitreise gelten als unsinnige Ausflüchte, Brouček wird hingerichtet – und wacht in seinem Bett auf … Rückblickend aus der Zeit des Ersten Weltkriegs, wirkt dieser Brouček, der mit nationalem Pathos und religiösem Eifer so gar nichts am Hut hat, wie ein Vorläufer von Hašeks friedfertigem Švejk. Mehr in diesem Sinne hat auch Leoš Janáček diese Geschichte verstanden, als er sie 1917 für den zweiten Teil seiner Oper *Výlety páně Broučkovy* (*Die Ausflüge des Herrn Brouček*) adaptierte. Mit dem ersten Teil der Oper, Broučeks Ausflug auf den Mond, befaßte sich Janáček lange. Die Anfänge gehen bis auf das Jahr 1908 zurück, in dem Čech gestorben war und unter großer öffentlicher Anteilnahme auf dem Vyšehrader Friedhof beigesetzt wurde. Die damals im Zuge der Ghettosanierung neugebaute dritte Prager Moldaubrücke wurde dann gleich nach Čech benannt.

Zlatá ulička

Svatopluk Čech war ein beliebter Autor. Von weit größerer Bedeutung und Wirksamkeit allerdings als seine Humoresken waren Čechs Gedichte – fast immer politische Poesie. Seine *Písně otroka* (*Lieder eines Sklaven*, 1895, dt. 1897) klagen die politische und soziale Unterdrückung bitter an. Čech hatte sich die tschechische Arbeiterbewegung hierfür geradezu angeeignet.

Lieder eines Sklaven XVII

Wenn dunkle Wolken überm Land sich ballen,
wie Teufelsregimenter zum Gerauf
mit Schilden donnern, Feuerschwerter hallen,
dann werf, die Hand gefesselt, ich mich auf:

Sturm, brülle los, sei fürchterlich mit Macht,
weck auf der Elemente grenzenlose Wut!
Die Erde bebe wild in feuersbrünstiger Nacht,
das Meer erheb sich, Flüsse: Flut!

Was unserm Herrn gehört, mit allem rechne ab,
die Wellen sollen Krume schwemmen, Wüste schaffen,
von Palmen jede Frucht, von jedem Zweig die Blüte ab,
die Wurzeln selbst zerstöre, kämpf mit allen Waffen!

Die goldne Kuppel und den Zierat – runter!
Das Herrenhaus, in Asche! brenn es aus,
im Schutt der Marmordecken geh er unter,
er, der Tyrann, sein ganzes Herrscherhaus!

Der Feind selbst darf sich mischen in die Elemente,
mit Fackel und mit Stahl dazwischenhaun,
wer's immer sei, ich segne seine Waffenhände,
wer Herren mordet, dem kann man vertraun!

(Deutsch von Brigitte Struzyk)

Die *Sklavenlieder* waren hochaktuell und erreichten zwei Dutzend Auflagen in kürzester Zeit. Sie entstanden in jenen Jahren heftigster politischer Auseinandersetzungen und Prozesse. Dies ist der Kontext von Rilkes *Zwei Prager Geschichten*, die er – schon nicht mehr in Prag lebend – 1897/98 schrieb. Sogar der »König Bohusch«, kümmerlicher Sproß eines Kleinseitner Portiers, »weiß, da hat einer *Sklavenlieder* geschrieben, einer von den Älteren. Der hat nicht recht. Kein Redlicher in unserem Volk macht Lärm mit den Ketten. Sicher nicht. Er hebt sie sogar beim Gehen vorsichtig in die Höhe, damit die liebe Erde nichts merkt von seinem Elend . . . So sind die Aufrichtigen von uns.«

Angesichts der Touristenprozessionen, die sich jetzt unablässig durch die Zlatá ulička (Goldenes Gäßchen, auch ›Alchimistengäßchen‹) drängen, mag man nur träumen von der Stimmung, die Kafka seiner langjährigen Verlobten Felice Bauer in jenem Brief vom Februar 1917 skizziert, in dem er ihr aufs ausführlichste seine »Wohnungsgeschichte« darlegt, Möglichkeiten theoretisch erörtert, sie um Rat frägt – rhetorisch freilich, denn er hat sich bereits entschieden: im Häuschen in der Zlatá ulička (Nr. 22) hat er sich schon seit Monaten eingerichtet, und die kleine Wohnung im Schönborn-Palais ist angemietet. (»Nun«, heißt es in dieser für Kafka bezeichnenden Ambivalenz, mit der er die Frau nach Prag locken und sie zugleich fernhalten will, »nun, dann hätten wir zwei die wunderbarste Wohnung, die ich in Prag denken kann, für Dich vorbereitet, allerdings nur für verhältnismäßig kurze Zeit, während welcher Du auch auf eigene Küche und sogar aufs Badezimmer verzichten müßtest.«)

»Im Sommer einmal ging ich mit Ottla Wohnung suchen, an die Möglichkeit wirklicher Ruhe glaubte ich nicht mehr, immerhin ich ging suchen. Wir sahen einiges auf der Kleinseite an, immerfort dachte ich, wenn doch in einem der alten Palais irgendwo in einem Bodenwinkel ein stilles Loch wäre, um sich dort endlich in Frieden auszustrecken. Nichts, wir fanden nichts Eigentliches. Zum Spaß fragten wir in dem kleinen Gäßchen nach. Ja, ein Häuschen wäre im November zu vermieten. Ottla, die auch, aber in ihrer Art, Ruhe sucht, verliebte sich in den Gedanken, das Haus zu mieten. Ich in meiner eingeborenen Schwäche riet ab. Daß auch ich dort sein könnte, daran dachte ich kaum. So klein, so schmutzig, so unbewohnbar, mit allen möglichen Mängeln. Sie bestand aber darauf, ließ es, als es von der großen Familie, die drin gewohnt hatte, ausgeräumt war, ausmalen, kaufte paar Rohrmöbel (ich kenne keinen bequemeren Stuhl als diesen), hielt es und hält es als Geheimnis vor der übrigen Familie. (...)

Es hatte viele Mängel des Anfangs, ich habe nicht Zeit genug, um die Entwicklung zu erzählen. Heute entspricht es mir ganz und gar. In allem: der schöne Weg hinauf, die Stille dort, von einem Nachbar trennt mich nur eine sehr dünne Wand, aber der Nachbar ist still genug; ich trage mir das Abendessen hinauf und bin dort meistens bis Mitternacht; dann der Vorzug des Weges nach Hause: ich muß mich entschließen aufzuhören, ich habe dann den Weg, der mir den Kopf kühlt. Und das Leben dort: es ist etwas Besonderes, sein Haus zu haben, hinter der Welt die

Tür nicht des Zimmers, nicht der Wohnung, sondern gleich des Hauses abzusperren; aus der Wohnungstür geradezu in den Schnee der stillen Gasse zu treten.«

In diesem Häuschen schrieb Kafka vor allem jene Prosastücke, die dann gesammelt in dem Band *Ein Landarzt* herauskamen. Wie verkommen die Ein-Zimmer-Häuslein zu Kafkas Zeit waren, ahnt man von alten Fotografien. Im 16. Jahrhundert sind sie in die Bögen der Burgmauer hineingebaut worden, wobei über den Dächern noch der Wehrgang zu sehen ist. Sie dienten als Behausungen für Burgschützen, später auch für Handwerker, darunter Goldschmiede. (Nicht »Goldmacher« oder »Alchimisten«, das gehört zu den romantischen Legenden um Rudolf II.) Renoviert und fröhlich bunt gestrichen – nach einem Entwurf des Multikünstlers Jiří Trnka – wurden sie erst in den 1950er Jahren.

Wendet man sich am Ende der Zlatá ulička nach rechts, stößt man auf einen kleinen Platz mit einem dominierenden Renaissancepalais: das ehemalige Burggrafenamt, der Sitz des Burggrafen. Er war als Vertreter des Königs der oberste Staatsdiener im Lande, ein Mächtiger und ein Gerichtsherr. Im ersten Stock ist der Saal zu besichtigen, in dem bis 1783 das Burggräfliche Gericht tagte. Nach 1960 wurde daraus das »Haus der tschechoslowakischen Kinder«. Bei der Neugestaltung des Platzes verschwanden einige alte Häuschen. Jaroslav Seifert schreibt in seinen Lebenserinnerungen:

»Kurz vor dem Zweiten Weltkrieg wohnten wir eine Zeitlang auf der Prager Burg. Erschrecken Sie nicht, es war nichts Offizielles und nichts Erhabenes dabei. Es handelte sich nur um den Ostteil des Burgareals am Schwarzen Turm unterhalb der Zlatá ulička, des Goldenen Gäßchens.

Wir bewohnten ein kleines, ebenerdiges Häuschen, das an dem alten Burggrafenamt klebte und ebenso wie das Amt und noch zwei weitere Häuschen auf dem Platz vor der Daliborka dem damaligen Landesausschuß gehörte, wo meine Frau arbeitete. Das Burggrafenamt jedoch lag hinter dem Burgtor, und die Leute, zumeist Angestellte und Burgpersonal, sagten, ohne jeden Stolz, sie wohnten auf der Burg. Ein paar Schritte hinter unserem Haus befand sich die Daliborka, der bekannte Festungsturm mit dem historischen Kerker. Aus dem Fenster blickten wir auf den düsteren Schwarzen Turm, an dessen Fuß ein etwas ansehnlicheres Haus mit Pawlatsche stand. Es existiert heute noch. Und am Eingang des kleinen Burghofes stand das dritte, ebenfalls nur ebenerdige Haus; heute befindet sich an seiner Stelle der breite Eingang des Hauses der Tschechoslowakischen Kinder, wie das Burgrafenamt heißt, seit die Säle, in denen man mehrere Jahrhunderte lang tschechische Menschen abgeurteilt hat, ein Ort für Kinderspiele wurden. Ich glaube nicht, daß diese Umwandlung die günstigste Lösung war.«

Die Daliborka, der nordwestliche Befestigung- und Gefängnisturm von 1496, hat ihren Namen von dem Gefangenen, der als erster dort bis zu seiner Hinrichtung einsaß – dem Ritter Dalibor von Kozojed. Smetana hat ihn in seiner Oper *Dalibor* von 1868 – im Geist der tschechischen Opposition zu Habsburg – als Freiheitsmärtyrer à la Fidelio gezeichnet. Meyrink läßt sich die Beschwörung einer magisch-grausigen Vision nicht entgehen (in *Walpurgisnacht*): »Voll Grauen blickte er zu dem Hungerturm hin, der mit seinem runden weißen Hut hinter der zerbröckelten Mauer aus dem Hirschgraben ragte. Immer noch lebte der Turm, fühlte er dumpf – wie viele Opfer waren in seinem steinernen Bauch schon wahnsinnig geworden, aber immer noch hatte der Moloch nicht genug –, jetzt, nach einem Jahrhundert des Todesschlafs, wachte er wieder auf. Das erstemal seit seiner Kinderzeit sah er ihn nicht als ein Werk von Menschenhand vor sich – nein, es war ein granitenes Ungeheuer mit schauerlichen Eingeweiden, die Fleisch und Blut verdauen konnten gleich denen eines reißenden nächtlichen Tieres. Drei Stockwerke darin, durch waagrechte Schichten voneinander getrennt, und ein rundes Loch mitten hindurch wie eine Speiseröhre, vom Schlund bis hinab in den Magen. – Im obersten hatte in alter Zeit Kerkerjahr um Kerkerjahr in lichtloser, schrecklicher Finsternis die Verurteilten langsam zerkaut, bis sie an Stricken hinuntergelassen wurden in den mittelsten Raum zum letzten Krug Wasser und Brot, um dort zu verschmachten, wenn sie nicht vorher wahnsinnig wurden von dem aus der Tiefe hauchenden Fäulnisgeruch und sich selbst hinabstürzten zu den verwesenden Leichen ihrer Vorgänger ...«

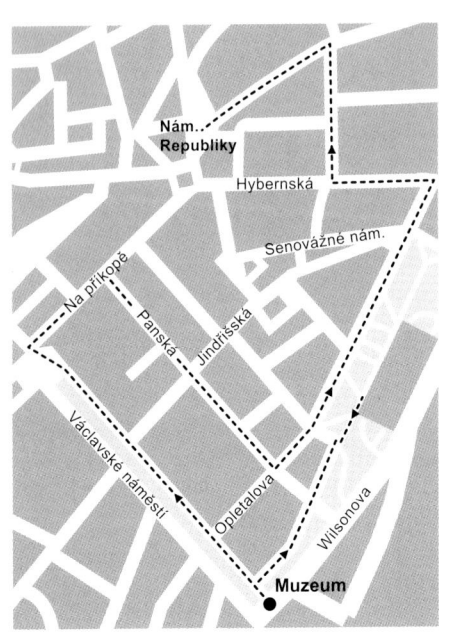

Sechster Spaziergang:
Neustadt

Metro »Muzeum« – Václavské náměstí [Wenzelsplatz] – Na příkopě
[Graben] – Panská [Herrengasse] – Jindřišská [Heinrichsgasse] – Ople-
talova [Mariengasse] – Havlíčkova [Reitergasse] – Na poříčí [Po-
retsch] – náměstí Republiky [Josefsplatz] (Metro)

1346 zum König von Böhmen gewählt und 1347 zum deutschen König, baut Karl IV. seine Residenzstadt Prag energisch zu einer führenden europäischen Metropole aus:
Peter Parler, ein blutjunges Genie, wird Dombaumeister,
1348 gründet Karl die erste Universität in Mitteleuropa
und im selben Jahr die Prager Neustadt in außerordentlich
großzügigen Dimensionen und mit detaillierter Planung –
das größte städtebauliche Unternehmen im mittelalterlichen
Europa. Am Stadtplan ist die gewaltige Ausdehnung der
Neustadt ablesbar; sie übertrifft die Altstadt erheblich. Das
große Areal schließt sich an den Altstadtring an, von der
Národní třída nach Süden bis zum Vyšehrad und diesen
miteinschließend, im Osten etwa bis zur Linie Sokolovská –
Wilsonova. Eine Mittelachse – aus der Altstadt vom Gra-
ben-Brücklein (*můstek*) aus sanft ansteigend zum abschlie-
ßenden Roßtor – bildete der geräumige Roßmarkt. Er heißt
seit 1848 Wenzelsplatz und wurde zum Boulevard der ent-
stehenden modernen Großstadt. Leider unterbricht die
Schnellstraßenschneise der Wilsonova brutal den großarti-
gen geschlossenen Straßenplatzcharakter direkt vor dem
Museum. (Bis 1990 trug sie im Namen den »siegreichen Februar« des kommunistischen Umsturzes von 1948.)
   Nach dem Abbruch des Roßtors (1875) wurde dort ein

größerer Theaterbau errichtet, das Neue Böhmische Theater. Es verfügte über dreitausend Plätze, wurde aber bald schon wieder abgerissen, um dem monumentalen Nationalmuseum (1885-1890) Platz zu geben. Gleichzeitig (1886-1888) entstand in unmittelbarer Nachbarschaft das repräsentativste Bauwerk der Prager Deutschen, das Neue Deutsche Theater (»neu« zur Unterscheidung vom gleichfalls deutsch dominierten Ständetheater). Kulturpolitisch gesehen war es die Antwort auf das wenige Jahre zuvor eröffnete tschechische Národní divadlo. Mit dessen Pracht und städtebaulich exzellenter Lage am Moldauufer konnte es aber doch nicht mithalten: das Neue Deutsche Theater ist ein Standardbau der Wiener Theaterbau-Routiniers Fellner und Helmer, wie er, fast immer ähnlich, europaweit zu finden ist, in Odessa oder Hamburg, Sofia oder Zürich. Auch an diesem Platz hatte bereits zuvor ein Theater gestanden: das Neustädter Theater, das zwischen 1855 und 1885 im Sommer bespielt wurde, vornehmlich deutschsprachig. Hier fand, weil es ein großes, an die viertausend Zuschauer fassendes Theater war, die Festaufführung von Smetanas *Dalibor* anläßlich der Grundsteinlegung für das Národní divadlo statt, am 16. Mai 1868, dem Tag des Nationalheiligen Nepomuk. Um die Geschichte der Prager Theaterkonkurrenz noch zu ergänzen: kurz nach der Jahrhundertwende bauten sich die Prager Tschechen ihrerseits ein zweites großes Theater im neuen und reichen Viertel Vinohrady (Weinberge), wenige hundert Meter hinter dem Nationalmuseum (náměstí míru). Karel Čapek arbeitete an diesem Divadlo na Vinohradech als Dramaturg und wurde hier kürzlich mit einem Denkmal am Platz geehrt.

Am Neuen Deutschen Theater wurde von der Eröffnung mit den *Meistersingern* im Januar 1888 an sehr viel Wagner gespielt, ebenso aber Verdi und überhaupt das europäische Repertoire. Für den vierzehnjährigen Franz Werfel wurde Enrico Carusos Gastspiel 1904 in *Rigoletto* zum tief prägenden Erlebnis. Der Bereich des Schauspiels war, nicht anders als am Národní divadlo, etwas weniger gewichtig. Aber es lockte freilich immer wieder mit glänzenden Gastspielen bedeutender deutscher Schauspieler und Ensembles (Joseph Kainz, das Berliner Deutsche Theater unter Otto Brahm und Max Reinhardt). Nicht wenige später sehr berühmte Schauspieler begannen in Prag ihre Karriere – Alexander Moissi, Attila und Paul Hörbiger, Paula Wessely. Das Neue Deutsche Theater existierte genau fünfzig Jahre, als Anfang 1939 der Deutsche Theaterverein das Gebäude an den tschechoslowakischen Staat verkaufte. Von 1949 an hieß das Haus Smetanovo divadlo (Smetana-Theater), seit 1990 trägt es den Namen Statní opera (Staatsoper).

Die etwas schäbige Grünanlage, durchlöchert von Fußgängertunnels, die zur Metro und zum Hauptbahnhof führen, bedrängt von der tosenden Schneise der Wilsonova – das sind die traurigen Reste des einst stillen, erholsamen Stadtparks. Er hatte gepflegte gekieste Promenierwege und einen kleinen künstlichen Teich (dort, wo jetzt der Zugang zur Metro ist). Franz Werfel ließ da als kleiner Junge sein Schifflein »Bohemia« schwimmen. Diese Grünruine jetzt als Vrchlický-Park (Vrchlického sady) zu benennen ist geradezu eine Beleidigung dieses Dichters, der um 1900 als der größte lebende tschechische Poet gepriesen wurde. Jaroslav Vrchlický (eig. Emil Frida) brachte es vom Krämerssohn aus der westböhmischen Provinz zum ordentlichen Mitglied der Tschechischen Akademie der Wissenschaften und Künste, zum ordentlichen Professor für Weltliteratur an der (tschechischen) Karls-Universität, zum Mitglied

Wenzels-Denkmal und Nationalmuseum

des österreichischen Herrenhauses (übrigens am selben Tag vereidigt wie Antonín Dvořák, auch der war eine Weltberühmtheit), vor allem aber: zum anerkannten Großdichter der Nation. (Alois Jirásek, der Romancier, war das gleichzeitige Pendant.) Vrchlický setzte Maßstäbe, indem er das bisher dominierende Vorbild, die deutsche Poesie, durch eine Hinwendung zur neueren französischen Dichtung ablöste – was übrigens auch in den bildenden Künsten in Prag seine deutlich sichtbare Entsprechung hat. Der politische Hintergrund, die wachsende Opposition gegen das »deutsche« Habsburg und die Orientierung an Frankreich, dem Mutterland der Revolutionen, spielt selbstverständlich auch eine Rolle. Victor Hugo, Théophile Gautier, Baudelaire und Mallarmé – das waren nun die neuen Vorbilder, und parallel zu Paris entstand in Prag eine Blüte esoterisch-symbolistischer Dichtung, die auch später noch in der tschechischen Lyrik immer eine spürbare Tendenz repräsentieren wird. Vrchlický begeisterte sich schon früh für die klassische italienische Literatur. Besonders liebte er die kunstvoll komplizierte Form des Sonetts:

Hradschin bei Sonnenuntergang

Ins Grün der alten Kronen Goldes Garben
ergossen sich auf Türme, Giebel, Dächer,
wie langer Pfeile Blitz aus reichem Köcher,
und jedes Fenster trägt schon lichte Narben.

Im Bacchanal der jauchzendtrunknen Farben
loht auf die Burg, wehmütig stiller Zecher;
da Flammen speit noch blauer Himmelsbecher,
tief unten alle nachtumfangen starben.

Wie der Hradschin in hehrem Licht erglühte,
wie nachtenttauchend hoch die Mauern ragen,
als strahlten sie vergangnen Ruhmes Nähe.

O Pilger, hemme deine leisen Schritte
und acht' des Lichtes Tod für neues Tagen,
vergiß minutenlang dein wildes Wehe!

(Deutsch von Pavel Eisner)

Wir lassen in Gedanken die Stadtautobahn und die Metro
verschwinden und stellen uns vor, wir schlendern gemäch-
lich nach einem Theaterabend oder einem Museumsbe-
such durch den stillen Stadtpark. Wir gehen die sanft abfal-
lenden Straßen entlang über den breiten, elegant belebten
Wenzelsplatz ... Ein besonders feiner und gut erhaltener
Jugendstilbau am Wenzelsplatz ist das Hotel »Europa« von
1905, (vom Museum aus gesehen) etwa in der Mitte der
rechten Seite. 1912, als es noch »Erzherzog Stephan« hieß,
las Kafka im sogenannten Spiegelsaal des Hotels seine kurz
zuvor entstandene Erzählung *Das Urteil*, »mit einer still
verzweifelten Magie«, wie sich Rudolf Fuchs erinnerte.
Den Prager Autorenabend hatte Willy Haas organisiert. Es
war Kafkas erste und einzige öffentliche Lesung.

Drei Häuser weiter, an der Kreuzung Jindřišská, in dem
pompösen Neubarock der Versicherungsgesellschaft »As-
securazioni Generali« (heute wieder wie vormals), hatte
Kafka seine erste Anstellung nach Studium und Gerichts-
jahr: als »Aushilfskraft«, schlecht bezahlt und mit sehr langem Arbeitstag. Nach neun Monaten, im Sommer 1908,
konnte er an die »Arbeiter-Unfall-Versicherungs-Anstalt«
am Poříč wechseln.

Der Graben, Na příkopě, war der bevorzugte Korso der

Prager Deutschen. Von seiner einstigen lebendigen Eleganz gibt der heutige Augenschein keine Vorstellung. Hotels und Kaffeehäuser verschwanden, als sich hier die Banken ausbreiteten, und kürzlich kam noch ein monströses Einkaufszentrum hinzu.

Thomas Alva Edison war 1911 in Prag. Er besuchte gern das Café Turnovsky an der Ecke Wenzelsplatz/Graben und gestattete, es »Edison« zu nennen. Kurz darauf freilich mußte es dem Geschäftshaus »Koruna« weichen (benannt nach dem kronenähnlichen Kuppelaufbau).

Ein Mitte des 18. Jahrhunderts für Fürst Piccolomini errichtetes Palais, einer der wenigen erhaltenen alten Bauten am Graben (Nr. 10), war zwischen den Weltkriegen Sitz des tschechischen »Gesellschaftsclubs«. Hier richteten die tschechischen Schriftsteller im Dezember 1926 einen Empfang für Franz Werfel aus. Werfel, der zwar seit Kriegsende in Wien lebte, aber tschechoslowakischer Staatsbürger geblieben war, wurde weiterhin der Prager Literatur zugerechnet und im Jahr darauf mit dem Tschechoslowakischen Staatspreis geehrt. Vorbehaltlos rühmte Karel Čapek damals Werfel in einem Feuilleton: »Er ist der kraftvollste Geist innerhalb der jungen Generation von Prager Deutschen, vorwiegend Juden, deren Werk eine interessante Insel sowohl gegenüber dem tschechi-

Franz Werfel

schen Milieu, in dem es geboren wurde, wie auch gegenüber der deutschen Literatur im Reich ist. Zum ersten Mal seit dem Umsturz ist ein deutscher Dichter bei tschechischen Schriftstellern zu Gast, und es ist ein glückliches Vorzeichen, daß es bei diesem ersten Male gerade Werfel ist, der Poet des glühenden Weltbürgertums.« Werfel hatte – anders als Rilke, Meyrink und manche andere – die Verbindung zu seiner Heimatstadt nie abgebrochen, weder real noch geistig, und er beherrschte immerhin so viel Tschechisch, daß er, wenn auch mit Hilfe eines Freundes (Emil Saudek), zwei Bände mit Übertragungen von Gedichten Otokar Březinas veröffentlichen konnte (1920, 1923).

»Eine der Hochburgen des Prager Deutschtums« nannte Max Brod das Café Continental, das bis zum deutschen Einmarsch – den Nationalsozialisten galt es naturgemäß als jüdische Hochburg – im ersten Stock von Graben Nr. 17 existierte. Das Künstler- und Literatencafé war das deutsche Pendant zur tschechisch geprägten Unionka in der Národní třída. Zweihundertfünfzig Zeitungen sollen hier verfügbar gewesen sein sowie zehn Billards. In einer Annonce, in Wien erschienen, pries das Etablissement sich als größtes und elegantestes Café von Prag.

Im Vorgängerbau des Bankhauses von 1930 (Nr. 14), gegenüber an der Einmündung der Panská, starb 1862 Božena Němcová, berühmt und verarmt, zweiundvierzig Jahre alt. Eine unzählbare Menschenmenge folgte dem Sarg zum Begräbnis.

An der anderen Ecke zur Panská steht die Kirche des Piaristenklosters, ein rein klassizistischer Bau. Daneben (Na příkopě 16) befindet sich das ehemalige »K. k. deutsche Staatsgymnasium am Graben«, das Meyrink und Perutz, Werfel, Rilke und Urzidil besuchten. Eine weitere deutschsprachige Lehranstalt, die Volksschule der Piaristen, war in der Panská (Nr. 1-3) dem Kloster angegliedert. Sie war sehr renommiert und wurde von Katholiken wie von Kindern jüdischer Geschäftsleute besucht. »Geistliche Herren unterrichteten dort«, erinnert sich Max Brod, »die zumeist aus tschechischen Landbezirken stammten, jedoch die deutsche Sprache tadellos beherrschten. (...) Es waren selbstlose, prachtvolle Menschen.« Bei Werfel (*Erster Schultag*), der ein notorisch schlechter Schüler war, klingt es etwas schillernder:

> Oben stand auf dem Katheder
> Groß und grau der Kuttenmann,
> Mit dem Finger droht er: jeder
> Zeigt mir seinen Namen an.
> Wenn auch rauh die Stimme knarrte,
> Seine Hand war lieb und weich.
> Hinter ihm auf bunter Karte
> Dehnte stolz sich Österreich.

In Panská 8 residierte die Redaktion des *Prager Tagblatts*, der großen Konkurrenz der *Bohemia*. (Nach 1990 wurde es als Wochenblatt *Prager Zeitung* wiederbelebt.) Max Brod – er war ja, was kaum bekannt ist, auch ausgebildeter Musiker, komponierte und begleitete gelegentlich renommierte Solisten – arbeitete hier lange Zeit als Musikreferent. In dem Schlüsselroman *Rebellische Herzen* (1957, später unter dem Titel *Prager Tagblatt*) hat er die Journalisten- und Künstlerszene der dreißiger Jahre höchst lebendig und amüsant geschildert.

An der Stelle des aus den zwanziger Jahren stammenden Gebäudes Jindřišská 17 stand das Haus (damals Nr. 19), in dem »Rainer« Maria Rilke geboren wurde. Er hieß aber, mit allen seinen Taufnamen, so wie sie im Register der nahen St.-Heinrichs-Kirche (Jindřišská) unter dem 19. Dezember 1875, zwei Wochen nach der Geburt, verzeichnet sind: René Karl Wilhelm Johann Josef Maria Rilke. Sechs Vornamen, nicht gerade schlicht bürgerlich; der Adelstick, den der Dichter lebenslang pflegen wird, ist ihm schon mit dem Taufwasser gespendet worden. Der Vater war ein kleiner Beamter und verhinderter Offizier, die Mutter aber prätentiös, mit unbefriedigtem gesellschaftlichem Ehrgeiz, stammte aus einer vermögenden Kaufmannsfamilie, war aufgewachsen im schönen Barockpalais Herrengasse 8 – eine schwierige Hypothek für das Einzelkind René Maria.

Rainer Maria Rilke, 1906

(Rainer Maria nannte Rilke sich seit Ende 1897.) Adlig, wenn auch erst seit 1873, hingegen war der Bruder des Vaters, Dr. Jaroslav Rilke »Ritter von Rüliken«. Er war erfolgreicher Advokat und Politiker und dem jungen Dichter hilfreich zugetan, den er 1892-95 – die Mutter war nach Wien entschwunden – in seinen Haushalt in der Vodičková (Wassergasse, Nr. 15b) aufnahm, als fünf unglückselige Erziehungsjahre in Militärschulen und einer Handelsaka-demie in »Kränklichkeit und Ratlosigkeit« gescheitert waren. Nach dem (mit Eifer nachgeholten und mit Erfolg bestandenen) Abitur und einem ziellosen Semester an der Philosophischen Fakultät der Prager deutschen Universität verließ Rilke Prag für immer – und nirgendwo war er dann jemals zu Hause.

»Kein Rilke-Leser«, urteilt Hans Egon Holthusen kühl, »der die Bahn dieses Lebens bis hinter die Schwelle der künstlerischen Mündigkeit, die um 1899 anzusetzen ist, zurückverfolgt, wird ohne ein Gefühl von Bestürzung zur Kenntnis nehmen, aus was für trivialen Anfängen das Werk

des Dichters der *Duineser Elegien* hervorgegangen ist
(...). In Hunderten von mittelmäßigen Gedichten scheint
sich zunächst nichts weiter als eine zügellose Facilität des
Versemachens zu dokumentieren, eine lyrische Redselig-
keit, die irgendwelche Jedermannsgefühle in leere Sprach-
schablonen gießt und sich über das Niveau der poetischen
Dutzendware jener Tage kaum irgendwo erhebt. (...) Der
Mann, der sich später aus allen Vordergründigkeiten des
literarischen Lebens konsequent heraushalten, der seine
Einsamkeit beinahe vergötzen und durch die unbeirrbare
Geradlinigkeit und Strenge seiner Kunstübung einen fast
legendären Ruhm erwerben wird: mit zwanzig hat er die
Allüren eines schreibenden Hans Dampf in allen Gassen.«

»Mich rührt so sehr / böhmischen Volkes Weise«: diese vielzitierten Verse aus Rilkes Gedichtband *Larenopfer*
(1895) – einer liebevoll neuromantisch getönten Hommage
an das alte Prag – mutet selbst wie ein rührender Versuch
an, im tschechischen Volkston-Milieu – das Rilke kaum
kannte, schon der Sprachbarriere wegen – so etwas wie
eine Ersatzheimat zu finden.

Auf der Kleinseite

Alte Häuser, steilgegiebelt,
hohe Türme voll Gebimmel, –
in die engen Höfe liebelt
nur ein winzig Stückchen Himmel.

Und auf jedem Treppenpflocke
müde lächelnd – Amoretten;
hoch am Dache um barocke
Vasen rieseln Rosenketten.

Spinnverwoben ist die Pforte
dort. Verstohlen liest die Sonne
die geheimnisvollen Worte
unter einer Steinmadonne.

Ein Adelshaus

Das Adelshaus mit seiner breiten Rampe:
wie schön will mir sein grauer Glast erscheinen.
Der Gangsteig mit den schlechten Pflastersteinen
und dort, am Eck, die trübe, fette Lampe.

Auf einer Fensterbrüstung nickt ein Tauber,
als wollt er durch den Stoff des Vorhangs gucken;
und Schwalben wohnen in des Torgangs Lucken:
das nenn ich Stimmung, ja, das nenn ich – Zauber.

1903 bezog die Familie des Handschuhfabrikanten Rudolf
Werfel die feinste Adresse im feinen »Millionärsviertel«
am Stadtpark: die Mariengasse (Nr. 41, 1. Etage). (Exkurs
ins spätere 20. Jahrhundert: Der heutige Name Opleta-
lova erinnert an den Studenten Jan Opletal, der bei einer
Protestdemonstration am 28. Oktober 1939 – dem Nationalfeiertag – tödlich verletzt wurde. Sein Begräbnis am
17. November wurde von weiteren Protesten gegen die Besatzungsmacht begleitet, das bot den Anlaß, die tschechischen Prager Hochschulen zu schließen. Über tausend Studenten wurden inhaftiert und neun von ihnen hingerichtet –
die ersten Opfer der Naziherrschaft in Prag. Fünfzig Jahre
später, am 17. November 1989, versammelten sich über
zehntausend Studenten zu einer friedlichen Demonstration,
diesmal gegen die kommunistische Diktatur. Das weitere

ist bekannt.) Nun hatte der dreizehnjährige Franz Werfel seinen geliebten Stadtpark gerade gegenüber, den Park, in den ihn schon von der Reitergasse aus (Geburtshaus: Havličkova 11) die tschechische Kinderfrau geführt hatte und wo schon im Sandkasten solide Grundlagen für die lebenslangen Freundschaften mit Willy Haas und Ernst Deutsch gelegt wurden. Franz Werfel hatte zwei schöne Schwestern; die ältere, Hanna, wird später als verheiratete Hanna Fuchs die sterbensgroße heimliche Liebe Alban Bergs werden.

Gänzlich desinteressiert an schulischen Erfolgen, gar nicht zu reden von einer väterlicherseits erhofften Karriere in der Firma, widmete der junge Werfel sich mit allen Kräften der Literatur, der Musik, den Freundschaften und den Lebensfreuden. Eine Vielzahl von Gedichten schrieb er auf lose Blätter. »Die Zettel mit den Versen lagen überall in dem kleinen Zimmer herum«, erinnert sich Willy Haas, »Franz stopfte sie in die Schubladen seines Waschtisches, seiner Kommode, seines Nachtkastens und trug sie in allen Taschen seiner Anzüge. Hier und da klebten wir einige dieser zerknitterten Zettel auf große weiße Bogen, und ich sandte sie an irgendeine Zeitungsredaktion. Werfel wollte nicht, daß man es im Hause erfuhr, wenn sie zurückkamen; und sie kamen immer wieder zurück.« Haas kannte Max Brod, der nur ein paar Jahre älter und bereits ein bekannter Autor war. So kam Werfel zu ihm: »mittelgroß, blond, hochstirnig, ziemlich dick, zerwühlt-kindliche Miene und sehr gedrückt, ja schüchtern. Sein Habitus aber änderte sich sofort, als er zu deklamieren anfing. Er wußte alle seine Gedichte auswendig. Er sagte sie, ohne zu stocken, fehlerlos aus dem Kopf, feurig, mit dröhnender oder, je nachdem, inniger oder aber jauchzender Stimme her, bald in lauten, bald in stillen, stets aber in sehr reichen vielfältigen Modulationen. Und er fand gar kein Ende. – So etwas hatte ich noch nie gehört. Ich war einfach erobert. Wie immer, wenn ich mit großer Kunst in Berührung kam, fühlte ich mich unermeßlich beschenkt, und zwar auf eine Art beschenkt, die es sonst im Bereich des Lebens nicht gab.« Durch Brods Vermittlung erschien 1911 Werfels erster Gedichtband: *Der Weltfreund*. Kafka schreibt im Dezember 1912 an Felice Bauer: »Weißt Du, Felice, Werfel ist tatsächlich ein Wunder; als ich sein Buch *Der Weltfreund* zum ersten Mal las (ich hatte ihn schon früher Gedichte vortragen hören) dachte ich, die Begeisterung für ihn werde mich bis zum Unsinn fortreißen. Der Mensch kann Ungeheueres.« Die Sprache, vieltönig zwischen hymnischer Emphase und unmittelbarer Lebensprallheit, die unkonventionellen Versgestalten: das war etwas erregend Neues in der Lyrik, ein frischer Kontrast zum ästhetisierend versponnenen Symbolismus, zum elegant Elegischen – und auf seine Weise ja auch ein Pendant zu Kafkas gleichzeitiger Prosa.

Im Jahr darauf, 1912, verläßt Werfel Prag und nimmt im Verlag von Kurt Wolff in Leipzig eine Lektoratsstelle an; »mein Lebensinstinkt wandte sich gegen Prag«, sagte er später – trotzdem blieb er der Stadt, den deutschen und den tschechischen Schriftstellern und Freunden, verbunden.

Wenigstens der Funktion nach erhalten, als eines der ganz wenigen alten Kaffeehäuser, ist das Café Arco (Hybernská 16 Ecke Dlaždená), ehemals mit feinem Jugendstil-Interieur von 1907. Noch als Gymnasiasten etablierten sich hier Werfel, seine Schulfreunde Haas, Paul Kornfeld, Ernst Deutsch (den 1914 dann, nach einer improvisierten nächtlichen Theaterszene, Berthold Viertel vom Fleck weg ans Wiener Volkstheater engagiert) und andere; schließlich wurde das Arco zum bevorzugten Treffpunkt der Prager deutschen Schriftsteller. Vor allem trafen sich hier diejenigen, die Brod als »Prager Kreis« bezeichnet hat. Der tschechische Schriftsteller František Langer erinnerte sich, wie sich ganz selbstverständlich auch im Arco die deutschen und die tschechischen Literatenkreise austauschten:

»Mit dem Café Union konnte es nur das Café Arco in der Hybernská aufnehmen, ein elegantes Etablissement mit großen Spiegeln, das vor allem von Börsenmaklern, Kaufleuten und Handlungsreisenden besucht wurde. Es wetteiferte mit dem Café Union in drei Punkten: hinsichtlich der Künstler, des Obers und der Zahl der ausgelegten Zeitungen und Zeitschriften. Hier trafen sich die deutschen Schriftsteller Werfel, der damals Verse schrieb, Kafka, der gerade seinen ersten Roman herausgegeben hatte und eine Zeit quälender Zweifel an seiner schriftstellerischen Begabung durchmachte, Max Brod, Egon Erwin Kisch, der schon damals das ganze nächtliche Prag kannte, Pick und Leppin. Von den Malern kamen regelmäßig Feigl, Nowak, Kars, Justitz und andere. (...) Das Verhältnis zwischen uns und den jungen deutschen Autoren war ausgesprochen freundschaftlich. Wir interessierten uns gegenseitig für unsere Arbeiten, tauschten unsere Erstlinge aus, und Brod sowie Pick kümmerten sich bereits damals um die tschechische Musik und Literatur und halfen, die Sprachbarriere zu überwinden.«

Der Bahnhof gleich gegenüber dem Café Arco, 1845 errichtet als Kopfstation der Linie nach Olmütz, ist der älteste von Prag – einer der ältesten erhaltenen Bahnhöfe in Europa. Seine Benennung nach Tomáš Garrigue Masaryk erhielt er erst nach dem Ende der sozialistischen Herrschaft. Damals hatte er Prag-Mitte geheißen und früher einfach

Staatsbahnhof. Masaryk war seit 1918 viermal zum Präsidenten der Republik gewählt worden, zuletzt 1934, trat jedoch im folgenden Jahr mit fünfundachtzig Jahren zurück. Er starb am 14. September 1937. »Der Sarg wurde zunächst im Plečnik-Saal des Hradschin aufgestellt, wo die Menschen tage- und nächtelang anstanden, um dem Toten die letzte Ehre zu erweisen. Niemand hatte sie aufgefordert, und doch kamen 600 000, eine stumme, schwarzgekleidete Schlange, die sich langsam vorwärtsschob«, schreibt Peter Demetz, damals ein jugendlicher Augenzeuge. Eine Woche später geleitete ein staatsfeierlicher Leichenzug den Sarg zum Hauptbahnhof, von wo ein Sonderzug zur Bestattung nach Lány fuhr. »Ich erinnere mich an die spukhafte Stille an diesem Tag; eine Million Menschen stand an den Straßen, aber man hörte nur das gedämpfte Geräusch der Pferdehufe, das Klirren von Rädern und Waffen, die Infanteriestiefel auf dem Kopfsteinpflaster und leises Weinen in der Menge.«

Das große neugotische Gebäude gegenüber der Bahnhofsfront wurde gleichzeitig mit dem Bahnhof als Hotel und Kaffeehaus errichtet. Es trägt eine Gedenktafel an Karel Havliček, der in diesem Haus die letzten Wochen bis zu seinem Tod 1856 lebte und nach dem die Straße benannt ist. Havličeks Deckname »Borovský«, nach dem Geburtsort Borova, wird heute stets angefügt. Er war Poet und Journalist: man vergleicht ihn gern mit Heine, mit dem er nicht nur das Todesjahr gemeinsam hat, sondern auch und vor allem die bissige Brillanz der Satire und die sanfte Bitterkeit der Ironie in seinen Gedichten. Als politischer Journalist, der eine strikt nationalistische Linie verfocht, war er nach der 1848er Revolution für die österreichische Oberherrschaft schließlich untragbar geworden. Man entführte ihn 1851 nach Brixen in (Süd-)Tirol, wo er interniert wurde. 1856 brach bei ihm Lungentuberkulose aus; zum Sterben durfte er nach Prag zurück. Aus linker Sicht wurde Havlíček zu einem Märtyrer. Havlíček war keineswegs inhaftiert, nur die Stadt durfte er nicht verlassen; er bekam sogar Zeitungen und Bücher. (Komfortable Verhältnisse, hätten nicht wenige malträtierte Dissidenten in der kommunistischen Ära dazu sagen können …) Populär sind noch heute Havlíčeks *Tyrolské elegie* (Tiroler Elegien), die Verschleppung und Internierung in hintergründiger Ironie beschreiben. Eine spätere Ausgabe hat Josef Lada in der Manier seiner *Švejk*-Bilder illustriert.

An neuerer Architektur Interessierte machen an der Einmündung der Havlíčkova in Na poříčí einen kurzen Abstecher nach rechts: Da ist das Kaufhaus »Bílá labut« (Weißer Schwan, Nr. 23), kurz vor Ausbruch des Zweiten Weltkriegs erbaut, ein seinerzeit hochmoderner (inzwischen etwas heruntergekommener) Stahlskelettbau mit vollständig verglaster Front; und gegenüber (Nr. 24) die Bank der Tschechischen Legionen (Legio-Bank, jetzt Tschechische Handelsbank) von Josef Gočár 1921, zehn Jahre nach seinem berühmten kubistischen Haus »Zur Schwarzen Muttergottes« an der Celetná. Kurz nach Kriegsende und Staatsgründung künden Jan Štursas kraftvoll gedrungene Skulpturengruppen an der Fassade vom Kampf der Freiwilligenlegionen für die tschechoslowakische Selbständigkeit, eingebettet in eine schwere, mit massiven Rundformen arbeitende Architektur eines spezifisch pragerischen »Rondokubismus«. Sehenswert ist die – inzwischen schön restaurierte – dekorative Gestaltung der Schalterhalle in ihrer gleichermaßen höchst eigenwilligen Mischung militärischer und folkloristischer Motive.

Die (ehemalige) »Arbeiter-Unfall-Versicherungsanstalt für das Königreich Böhmen«, Na poříčí 7, war Franz Kafkas Arbeitsstätte vom Sommer 1908 bis April 1922, als er auf seinen Antrag im Rang eines Obersekretärs pensioniert wurde. In der Rechtsabteilung oblagen Kafka Prüfung und Klassifizierung der versicherten Betriebe, Unfallschutz, juristische Vertretung der Versicherung bei Gerichtsverhandlungen. Nach 1918 wurde Tschechisch als Amtssprache auch in der Versicherungsanstalt eingeführt. Kafka konnte Tschechisch, wenn auch nicht perfekt. »Kafka selbst«, schreibt Peter Demetz, »sprach zu seiner Schwester von der ›prächtigen Lüge‹ seiner Tschechischkenntnisse, und wenn er auf tschechisch an seinen Schwager Josef schrieb, vermischte er in eigenartiger Weise alltagssprachliche und literarische Idiome, ordnete die Sätze nach der deutschen Syntax an und stolperte über Vokabular und Morphologie.« Angesichts der seit den 1890er Jahren zunehmend vehementen Judenfeindlichkeit bei böhmischen Behörden, halbstaatlichen Institutionen wie Banken oder Sparkassen und ebenso privatwirtschaftlichen Unternehmen verdankte Kafka einem Glücksfall von Protektion, daß er in diesem Staatsbetrieb untergekommen war: »die Anstalt ist ein dunkles Bürokratennest, in dem ich als einziger Paradejude fungiere«, habe er zu Gustav Janouch geäußert. Als ganz junger Mann, er schrieb nächtens heimlich schon Gedichte, wurde im Frühjahr 1920 Gustav Janouch, dessen Vater Kafkas Kollege in der Rechtsabteilung war, dem Dichter vorgestellt. »Der Vater führte mich in den zweiten Stock hinunter, wo wir in eine ziemlich große, gut eingerichtete Kanzlei eintraten. Hinter einem von zwei nebeneinander stehenden Schreibtischen saß ein hoher, schlanker Mann. Er hatte schwarzes, zurückgekämmtes Haar, eine höckerige Nase, wunderbare graublaue Augen unter einer auffallend schmalen Stirn und bittersüß lächelnde Lippen. ›Das ist sicher derjenige‹, sagte er an Stelle einer Begrüßung. ›Das ist er‹, sagte mein Vater. Doktor Kafka reichte mir die Hand. ›Vor mir brauchen Sie sich nicht zu schämen. Ich habe auch eine große Lichtrechnung.‹ Er lachte, und meine Schüchternheit schwand.« Janouchs *Gespräche mit Kafka*, publiziert erst Jahrzehnte später, sind als Quelle von zweifelhaftem Wert; gleichviel, die vorgeblichen Kafka-Sentenzen, ob nun tatsächlich aus der Erinnerung festgehalten oder Janouchs empathischer Imagination entsprungen, sind einfach hübsch zu lesen – *se non è vero* ... Etwa dies: »›Ich bin ein ganz unmöglicher Vogel‹, sagte Franz Kafka. ›Ich bin eine Dohle – eine *kavka*. Der Kohlenhändler im Teinhof hat eine. Haben Sie sie gesehen?‹ – Ja, sie läuft vor dem Geschäft herum. – ›Ja, meiner Verwandten geht es besser als mir. Es ist zwar wahr, sie hat die Flügel beschnitten. In meinem Falle war es aber überhaupt nicht notwendig, da meine Flügel verkümmert sind. Aus diesem Grunde gibt es für mich keine Höhen und Weiten. Verwirrt hüpfe ich zwischen den Menschen herum. Sie betrachten mich voller Mißtrauen. Ich bin doch ein gefährlicher Vogel, ein Dieb, eine Dohle. Das ist aber nur Schein. In Wirklichkeit fehlt mir der Sinn für glänzende Dinge. Aus dem Grunde habe ich nicht einmal glänzende schwarze Federn. Ich bin grau wie Asche. Eine Dohle, die sich danach sehnt, zwischen den Steinen zu verschwinden. Aber das ist nur so ein Scherz, damit Sie nicht merken, wie schlecht es mir heute geht.‹«

Auf der Altstadtseite des náměstí Republiky, beim östlichen Torturm (dem sog. Pulverturm), befand sich im 14./15. Jahrhundert der Königshof, die Residenz des Herr-

Café im Obecní dům

schers. Der Prager Magistrat ließ an dieser Stelle 1906-12 den opulentesten Jugendstilbau der Stadt errichten, das Obecní dům (Repräsentations- oder Gemeindehaus), mit seinen sechs Sälen, Kaffeehaus und Restaurant, Ausstellungsräumen trotz der Vielzahl der beteiligten Künstler stilistisch ganz einheitlich gehalten.

Gegenüber am Platz, am Eingang zur Hybernská, fällt im Giebelfeld des klassizistischen Gebäudes das große Böhmische Staatswappen mit Doppeladler und böhmischem Löwen auf – eins der ganz wenigen Exemplare, die den Umsturz 1918 überlebt haben. Ursprünglich Kirche der irischen Franziskaner (Hiberner genannt, von lat. Hibernia für Irland) und samt Kloster unter Joseph II. aufgehoben, war das Bauwerk im frühen 19. Jahrhundert zum k. k. Zollamt und Finanzamt adaptiert worden.

Im (ehemaligen) Hotel »Zur Stadt Wien« (Hybernská 6) logierte Franz Grillparzer 1826 während seines kurzen Pragaufenthalts, vierzig Jahre später, im Juni 1865, war hier Adalbert Stifter bei seinem einzigen Pragbesuch zu Gast. Er recherchierte für den zweiten Band seines großen historischen Böhmen-Romans *Witiko*.

An dem dem náměstí Republiky zugewandten Ende des Grabens, das seit langem schon von eher trostlosen Bank- und Geschäftspalästen dominiert wird, standen einst hochrenommierte Hotels und die feinsten Kaffeehäuser: die Hotels »Zum blauen Stern« und »Zum schwarzen Roß« (ehemals Nr. 24-28), das Café Korso (Nr. 31) und das Café français (Nr. 33). Das Bankhaus Nr. 20 steht an der Stelle eines Rokokopalais der Nostitz, in dem von 1845 bis zum Museumsneubau die Sammlungen des Böhmischen Nationalmuseums – als Institution bereits 1818 gegründet – untergebracht waren.

Gleich hinter dem Obecní dům finden wir zum Ende dieses Spaziergangs noch das luxuriöse Jugendstilhotel »Paříž« (Paris): den Schauplatz für das zentrale dritte Kapitel des Romans *Ich habe den englischen König bedient* (1971) von Bohumil Hrabal. Hier erlebt der Ich-Erzähler seinen Aufstieg vom Piccolo zum Kellner, auch im erotischen Bereich gibt es erstaunliche Fortschritte. Vordergründig ein burlesker Schelmenroman, ein wenig an Thomas Manns *Felix Krull* erinnernd und sehr deutlich von Švejkischem groteskem Humor geprägt, zugleich aber ein tschechischer Zeitroman, der von der Ersten Republik über deutsche Okkupation und Krieg in die kommunistische Ära führt, und schließlich doch auch, mit tiefem menschlichem Ernst unter all dem Klamauk, eine Art moderner Bildungsroman. Ein großes Buch, das man gern mehr als einmal liest.

Siebter Spaziergang:
Neustadt

Metro »Můstek« – Jungmannovo náměstí – Jungmannova – Palackého – Vodičkova – Školská – Štěpánská – Žitná – Ječná – Kateřinská – Karlovo náměstí – Jiráskovo náměstí – Palackého náměstí (Metro »Karlovo náměstí«)

An der Metrostation »Můstek« nehmen wir den Ausgang, der auf den kleinen Jungmannovo náměstí führt. Ein Denkmal ehrt hier Josef Jungmann. Als Sprachforscher, Übersetzer und nicht zuletzt als Verfasser eines mehrbändigen *Slovník česko-německý* (Tschechisch-deutsches Wörterbuch, 1835 ff.) hat er in der beginnenden Romantik für die Konstituierung des Tschechischen als Literatursprache Entscheidendes geleistet.

Durch den Torbogen gelangt man vom Jungmannplatz aus zur wundersamsten Kirche Prags, dem grandiosen Torso von Maria Schnee: Das ist lediglich der Chor einer von Karl IV. 1347, nach seiner Krönung, gegründeten Klosterkirche für die Karmeliter. Der Bau stockte in den Hussitenkämpfen und verfiel, nach 1600 retteten Franziskaner den Chor.

Das Haus Jungmannova 3 mit seiner ungewöhnlichen Fassade erbaute Jan Kotěra 1912/13, der Begründer der modernen tschechischen Architektur, für den Kunst- und Musikverleger Mojmír Urbánek. Der kleine Konzertsaal in diesem Bau, »Mozarteum« genannt, stand dem künstlerischen Multitalent Emil František Burian von 1933 bis Kriegsbeginn als Experimentierbühne zur Verfügung. Zu den Spielzeiten gab er jeweils auch großformatige Almanach-Hefte

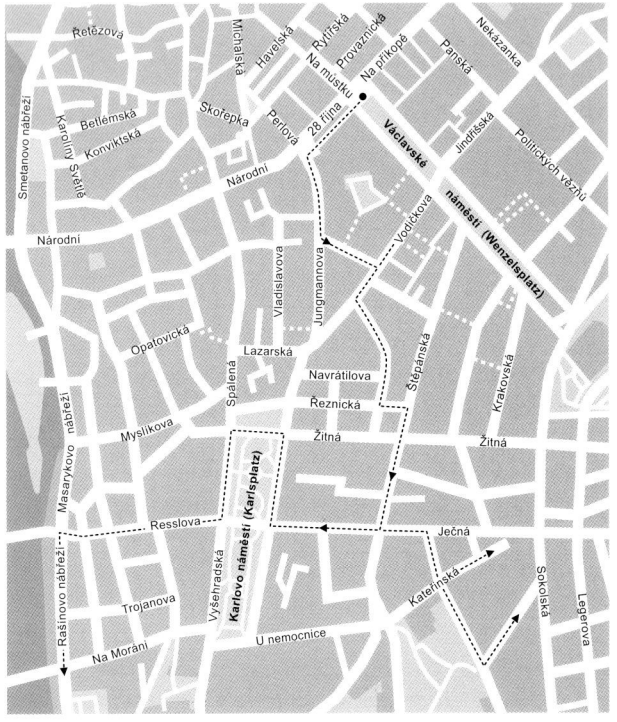

heraus, numeriert nach den Jahren: von D 34 (D steht für *divadlo*, Theater, Saison 1933/34) bis D 40 (1939/40). Man kann sie heute noch in Antiquariatswinkeln finden. Für die Premiere im Herbst 1933 übersetzte, bearbeitete und inszenierte Burian Erich Kästners *Leben in dieser Zeit*. Was für ein prophetischer Titel: Burian überlebte später das Ghetto Theresienstadt, sogar die gesonderte »Kleine Festung«, in der kaum einer dem Tod entkam. Er überlebte anschließend die Lager Dachau und Neuengamme und war unter den wenigen hundert, die am 3. Mai 1945 in dem – von den Deutschen provozierten – alliierten Zerstörungsangriff auf die in der Lübecker Bucht stehenden Häftlingsschiffe nicht getötet wurden.

Das schöne Palais Palackého 7 – über zwei gotischen Häusern errichtet, umgestaltet zuletzt um 1790 im späten Rokoko – bewohnte ein halbes Jahrhundert lang, bis zu seinem Tod 1876, der große Historiker František Palacký. Sein Denkmal besuchen wir am Ende dieses Spaziergangs. Er hatte das Haus von seinem Schwiegervater übernommen, einem vermögenden Advokaten, und vererbte es später wiederum seinem Schwiegersohn, dem Politiker František Ladislav Rieger. Palacký und Rieger sind die beiden maßgeblichen Konstanten in dem langen Ringen des böhmisch-tschechischen Volkes um politische Emanzipation und staatliche Selbständigkeit, das Masaryk schließlich 1918 zum Ziel brachte. Rieger war den Zeitumständen entsprechend radikaler nationalistisch als Palacký, der sich anfänglich noch für eine Autonomie innerhalb des Habsburgerreichs eingesetzt hatte. Seit 1848 war Rieger aktiver Politiker; er war die beharrlich treibende Kraft für die Gründung des tschechischen Nationaltheaters und gab den *Slovník naučný* heraus, das erste tschechische Konversationslexikon.

Vodičkova 36 ist der Hauptzugang zum weitläufigen Passagenkomplex »Lucerna«, den der Unternehmer und Architekt Václav Havel – Václav Havels Großvater – ab 1907 errichtete. (In einer der Passagen ist jetzt eine Gedenkbüste angebracht worden.) Der Bau war seinerzeit hochmodern, eine der ersten Stahlskelettkonstruktionen in Prag, mit sieben Geschossen über Straßenniveau und vier darunter, u. a. mit einem Kino. Von der feinen Ausstattung ist noch viel erhalten.

Ein prachtvoller Bau im »Jugendstil« – in Prag hieß er, in Anlehnung an die Wiener Bezeichnung »Secession«, *secessia* – ist »U Nováku« (Nr. 30), 1902/03 als Kaufhaus erbaut vom selben Architekten (Osvald Polivka) wie die ebenfalls herausragenden Häuser Národní třída 7 (»Praha«) und 9 (»Topič«).

Im Nachbarhaus (Nr. 30), 1928 ebenfalls von Polivka erbaut, war zeitweise die Spielstätte des 1925 gegründeten Osvobozené divadlo (Befreites Theater). Die wohl am ausgeprägtesten avantgardistische Prager Bühne der Zwischenkriegszeit leiteten die herausragenden Regisseure Jindřich Honzl und Jiří Frejka. Zeitweise war auch Burian hier tätig. Berühmt aber wurde dieses Theater durch zwei Kabarettisten, Jiří Voskovec und Jan Werich (genannt »Voskovec + Werich«, noch kürzer »V + W«) mit Jan Ježek als Hauskomponist. V + W produzierten an die dreißig höchst komödiantische, mit den Jahren zunehmend schärfere politsatirische »Revuen«. Hauptangriffsziel der überzeugten Kommunisten war natürlich die Hitlerdiktatur. *Caesars Finale* war das letzte Stück, April 1938; im Januar 1939 emigrierten Voskovec, Werich und Ježek in die USA.

In der Školská 16 wurde im April 1883 Jaroslav Hašek geboren. Innerhalb des Viertels zog die Familie in den nächsten Jahren immer wieder um: 1884 Ječná, 1885 in ein Hinterhaus am Karlsplatz undsofort. Die Familienverhältnisse waren schwierig. Mit zwanzig wollte Hašek die absolute Freiheit. Ungebunden und unstet, wohnte er wechselnd bei Freunden, schrieb meist in den Wirtshäusern für Zeitungen Geschichten, Anekdoten, Schnurren. Weit über tausend sind insgesamt bekannt. Von dem Honorar lebte er kümmerlich, ein Versuch bürgerlicher Ehe scheiterte nach zwei Jahren, 1915 meldete sich der stromende Schriftsteller zum Militär. Mit der (provozierten) russischen Gefangennahme in Galizien beginnt Hašeks politische Karriere: Kommunist, Kommissar der Roten Armee. Hašek will in der Sowjetunion bleiben und heiratet eine Russin. Das Paar aber wird Ende 1920 nach Prag abge-

Jaroslav Hašek

schoben. Hašeks Fazit: »Es ging mir wie einem Menschen im Regen. Dabei hatte ich keinen Regenschirm. (...) Der Ausflug in die Weltgeschichte hat mich ermüdet.«

Im März 1921 wird das erste Heft von *Osudy dobrého vojáka Švejka za světové války* (Die Abenteuer des braven Soldaten Švejk im Weltkrieg) gedruckt, zwei Bogen stark. Hašek schreibt Fortsetzung um Fortsetzung, der Autor und seine Freunde verkaufen die Exemplare in den Wirtshäusern. Nach zwei Jahren ist Hašek zerrüttet, vom Alkohol vor allem, und stirbt in einem südböhmischen Dorf, wo er auch begraben ist. Die Figur des Švejk ist alles andere als ein destruktiver Trottel, wie er den österreichischen Militärchargen erschienen sein mag, und nicht nur ein pfiffiger und bauernschlauer Überlebenskünstler; der »brave Soldat« ist ein konsequenter Antimilitarist. Er kommt ohne rebellisches Heldentum aus, aber unter der Maske des Kauzig-Skurrilen tritt die innere Trauer über die menschliche Dummheit und den schlechten Weltlauf hervor. Hašeks unvollendeter, ausufernder Episodenroman und Karl Kraus' gigantisches Lesedrama *Die letzten Tage der Menschheit* (1919) sind die beiden großen Satiren auf den Weltkrieg, die außerhalb der ehemaligen k. u. k. Monarchie ihresgleichen suchen.

Das Gebäude Štěpánská 22 beherbergte das »Stefansgymnasium«, neben dem »Grabengymnasium« das zweite Neustädter staatliche deutschsprachige Gymnasium. Willy Haas, Paul Leppin und Franz Werfel beendeten hier ihre Gymnasialzeit mit dem Abitur. In seiner psychologisch spannenden Novelle *Der Abituriententag* (1928) karikiert Werfel im Grunde recht liebevoll die Marotten seiner damaligen Professoren, gespiegelt durch die inszenierten Erinnerungen der mittlerweile gealterten ehemaligen Klassengenossen. Eine Art Parallelgeschichte hierzu, eine atmosphärisch dichte Prosa von wenigen Seiten, ist Paul Leppins *Kollegentag*.

Die Pfarrkirche St. Stephan (in der Štěpánská zwischen Žitná und Ječná), eine gotische Basilika aus der Zeit Karls IV., war im 19. Jahrhundert die Trauungskirche dreier großer tschechischer Prager Komponisten: von Bedřich Smetana (1849), Antonín Dvořák (1873) und von dessen Schwiegersohn Josef Suk (1898). (Der berühmte Geiger Josef Suk ist der Enkel des Komponisten.) 1877 war Dvořák bereits den Vierzig nahe und endlich auf die Erfolgsbahn gelangt (mit den *Mährischen Duetten* und – bis heute sein größter Hit – der ersten Serie von *Slawischen Tänzen*). Er zog mit der Familie in das Mietshaus Žitná 14 (nahe der

Karlsplatz

Stephanskirche), wo er bis zu seinem Tode 1904 wohnte. In einem putzigen Schlößchen (Ke Karlovu 20), das freilich dem bodenständigen Komponisten so gut steht wie eine Allongeperücke dem Bürger des ausgehenden 19. Jahrhunderts, ist ein kleines Dvořák-Museum eingerichtet. Besser paßt da noch Hašeks Wirtshaus »U kalicha« (Zum Kelch, Na bojišti 12), wo man sich mit Švejk »nach dem Krieg um sechs« wieder treffen wollte.

In der anderen Richtung von der Kirche aus, in der Ječná 28, war die Wohnung der Schriftstellerin Božena Němcová. Hier entstand 1854 das Buch, mit dem sie berühmt wurde: *Babička* (Die Großmutter). Von Hašeks *Švejk* natürlich abgesehen, wird kein Werk der tschechischen Literatur auch in Deutschland bekannter und beliebter sein als diese Erzählung aus dem Leben der Verfasserin, als sie noch Barbara Pankl hieß und im böhmischen Riesengebirgsvorland bei Náchod lebte, behütet und erzogen von der Großmutter. Nichts ist sentimental oder rührselig-idyllisch in diesen »Bildern aus dem Landleben«, wie der Untertitel der Erzählung lautet. Das Großmütterchen (im Tschechischen, das die Zärtlichkeitsformen liebt wie alle slawischen Sprachen, wäre die Bezeichnung *baba*, Großmutter, unangemessen förmlich) ist das meisterhafte Vorbild für die lebensklugen »kleinen Leute«, wie sie in der tschechischen Literatur von Neruda bis Hrabal und Škvorecký so liebenswert auftreten. Als Siebzehnjährige heiratete das Mädchen Barbara/Božena einen älteren, dezidiert tschechisch-patriotischen Finanzbeamten (daß er gerade Němec hieß, also »Deutsch«, gehört zur zwischensprachlichen Ironie). Die Ehe verlief wenig glücklich, Němcová versuchte, eine emanzipierte literarisch-intellektuelle Existenz à la George Sand zu führen. Mit zweiundvierzig an Krebs gestorben, hatte die Dichterin ein umfangreiches Werk geschaffen, das keineswegs auf Heimatliteratur festlegbar ist.

Ganz in der Nähe gedenkt man noch zweier großer Musiker. Im Haus Kateřinská 7 wurde die Opernsängerin Ema Destinová geboren (als Emilie Kittlová; ihren Künstlernamen lieh sie von ihrer verehrten ersten Lehrerin Marie Loewe-Destinn); und gegenüber starb nach dreiwöchigem Aufenthalt am 12. Mai 1884 Bedřich Smetana in dem ehemaligen Augustinerkloster, das seit 1820 zur Psychiatrischen Klinik gehörte (kurz »Kateřinsky« genannt). Der Tod des anerkannten und verehrten Schöpfers der tschechischen Nationalmusik wurde in Prag und darüber hinaus in der europäischen Musikwelt tief betrauert.

Die planerisch weitsichtige Großzügigkeit der Anlage der Neustadt zeigt noch einmal der Karlsplatz: Dieser Viehmarkt, wie er bis 1848 hieß, dürfte in seinen Ausmaßen von kaum einem anderen europäischen Marktplatz übertroffen werden. Erst ab der Mitte des 19. Jahrhunderts wandelte er sich in einen Park. Zu den Bäumen kamen nach und nach Denkmäler. Wie es sich in Prag gehört, verewigen sie vor allem Schriftsteller – Karolina Světlá; Eliška Krásnohorská, als vielgelesene Dichterin und Librettistin Smetanas ebenso erfolgreich wie in der Politik: Über Jahrzehnte war sie in der Frauenarbeiterbewegung aktiv, und auf ihr Betreiben konnte 1890 das erste Prager Mädchengymnasium gegründet werden. 1917, zu ihrem siebzigsten Geburtstag, verlieh ihr die Universität das Ehrendoktorat. Ein Denkmal gibt es auch für Vítězslav Hálek, den romantischen Dichter in der Nachfolge Máchas. Seine *Abendlieder* (1859) waren in ihrer volksliednahen Schlichtheit in Form und Sprache und ihrer unsentimentalen Gemütstiefe sehr beliebt und reizten immer wieder zur Vertonung.

Bierstube »U Kalicha«

Auf dem Weg hinunter zum Jirásekplatz am Moldauufer gehen wir durch die Resslova (der Straßenname ehrt den in Böhmen geborenen Joseph Ressel, der, obwohl er von Beruf Förster war, 1829 die erste Schiffsschraube konstruierte). Wir gedenken in der orthodoxen Kirche St. Kyrill und Method der sieben tschechischen Widerstandskämpfer, die, nach dem Attentat auf Heydrich in der Krypta verborgen, hier ums Leben kamen.

Der Romanschriftsteller Alois Jirásek lebte jahrzehntelang am Platz unten am Moldaukai (Jiráskovo náměstí 1), wo ihm auch ein Denkmal gewidmet ist. Der erste tschechische Romancier großen Stils war von Beruf Gymnasialprofessor für Geschichte und fand in der tschechischen Historie sein großes Thema, dem er sich in einem langen und arbeitsreichen Leben widmete. Er starb 1930, beinah achtzig Jahre alt. Von ihm erschien eine beeindruckende Reihe historischer Romane seit den 1870er Jahren, fast fünfzig Bände umfaßt die Gesamtausgabe. Die Hussitenkriege, die Schlacht am Weißen Berg, die nationale Wiedergeburt seit Ende des 18. Jahrhunderts: diese epochalen Wendemarken der tschechischen Geschichte stehen immer wieder im Zentrum seiner großangelegten Zeitgemälde. Daß Jirásek zu Beginn des Weltkriegs in seinem Roman *Temno* (Die Finsternis) die Epoche der gewaltsamen Rekatholisierung nach dem habsburgischen Sieg von 1620 als katastrophalen Niedergang der Nation beschrieb und das Barockzeitalter – dem freilich Prag sein prachtvolles Stadtbild verdankt – als kulturelle Verfallszeit, das hat das tschechische geschichtliche Selbstverständnis bis in die Gegenwart hinein geformt; *temno* steht geradezu als populäres Signet für jene Phase, auf die nach dem Hegelschen Modell nur der endgültige Aufstieg folgen konnte. (Die Jirásek-Verherrlichung, ja -Heroisierung nach 1948, unter Gottwald und seinem Kulturminister Zdeněk Nejedlý eifrig betrieben, hat hier ihre ideologische Grundlage.)

Den Palackého náměstí, nur ein kleines Stück weiter flußaufwärts am Ufer, prägt die monumentale Denkmalsanlage für den Historiker und Politiker, der schon zu Lebzeiten als »Vater der Nation« gerühmt wurde. Zwei Jahrzehnte nach Palackýs Tod, 1897, wurde der erste Denkmalswettbewerb ausgelobt; ein zweiter dann 1901, den der komplexe Entwurf von Stanislas Sucharda gewann. Das 1912 vollendete Denkmal, in dem sich Monumentalität und expressive Allegorik eigenwillig vereinen, wurde von den deutschen Besatzern demontiert (immerhin nicht zerstört). Seit 1947 ist es wieder aufgestellt.

Der Böhmenheilige Wenzel, der nationale Reformator Hus, der Wegbereiter der tschechischen politischen Nation Palacký: diesen drei Repräsentanten tschechischer Identität sind die drei bedeutendsten Denkmäler Prags gewidmet. Sie entstanden in den Jahren vor der Verwirklichung der nationalen Souveränität, gestaltet von den hervorragendsten Bildhauern der Epoche. Myslbeks »Wenzel« (1912) und Šalouns »Hus« (1915) wurden außerdem an stadtpolitisch markanten Positionen errichtet. Wenngleich unter diesem Aspekt ein Denkmal für Palacký besser auf den Karlsplatz passen würde, so sind andererseits doch am Moldauufer zwei große »Väter der Nation« in Nachbarschaft vereint: der Historiker und wegweisende Politiker Palacký und der Romancier Jirásek, der seit mehr als einem Jahrhundert ein nationaltschechisches Geschichtsbild in der breiten Bevölkerung verankert hat.

Achter Spaziergang:
Vyšehrad

Der bequemste Zugang zum Vyšehrad kommt von der gleichnamigen Metrostation beim Kulturpalast. Schöner und interessanter freilich ist der Aufstieg über einen schmalen steilen Pfad, der von der Uferstraße hinter der Häuserreihe abgeht (Tram 17 und 21, etwa vom Národní divadlo aus).

Der Vyšehrad, die »Hohe Burg«, sitzt auf einem Felsplateau hoch über der Moldau. Es fällt zum Fluß hin sowie nach Norden und nach Süden schroff ab und versperrte, bis man vor hundert Jahren den Tunnel hineinsprengte, den Weg am Ufer entlang. Eine gute Lage für eine Burg. Herrschersitz war der Vyšehrad nur für ungefähr siebzig Jahre: um 1070 verlegte Herzog Vratislav II., der dann 1085 – dank guter Beziehungen zu Kaiser Friedrich »Barbarossa« – die persönliche Königswürde erhielt, seine Residenz vom Hradschin auf den Vyšehrad; 1140, bei Regierungsantritt, zog sein dritter Nachfolger, Vladislav II., wieder auf die Prager Burg zurück.

Vratislav II. ließ einen Palast auf dem Vyšehrad errichten und etliche Kirchen, von denen einzig die Rundkirche St. Martin die Stürme der Zeiten überstanden hat. Nach 1782 war sie ein Munitionsdepot und schließlich ein Armenasyl gewesen. Ende des 19. Jahrhunderts wurde sie mit neuromanischen Zutaten instand gesetzt. Nördlich dieser Rotunde, bei der Leopolds-Bastei, sowie beim Špička-Tor sieht man noch Reste der gotischen Stadtmauer, die unter Karl IV. den Vyšehrad in die Neustadt einbezogen. Die Hussiten zerstörten 1420 den größten Teil der alten Be-

Vyšehrad

bauung des Vyšehrad. Was dann an bürgerlichen Bauten entstanden war, u. a. das Rathaus der »Stadt« Vyšehrad, verschwand wiederum um die Mitte des 17. Jahrhunderts beim Ausbau zur Festung, die der Vyšehrad bis 1866 blieb. Das heutige Erscheinungsbild bestimmen also die barokken Schanzen und Tore (Leopoldstor, Tábor-Tor) und noch mehr die neugotischen Bauten nach 1866. Der markanteste davon ist die St.-Peter-und-Pauls-Kirche mit ihren Spitztürmen, vom Hradschin aus gut zu sehen.

An der Südseite der Kirche, an der Stelle, wo einst der romanische Königspalast stand und später das barocke Zeughaus, ist seit 1927 ein Park angelegt. Hierher kamen nach dem Zweiten Weltkrieg die vier großen Doppelstatuen, die Josef Václav Myslbek Ende des 19. Jahrhunderts für die Brückenköpfe der Palacký-Brücke geschaffen hatte. Die Statuen haben hier ihren würdigen Ruheort gefunden, stellen sie doch Figuren der alttschechischen Sagenwelt dar, die seit jeher mit dem Vyšehrad verknüpft sind: »Lumír und das Lied«, »Ctirad und Šárka«, »Záboj und Slavoj«, »Libuše und Přemysl«.

Die Sage von Libuše (oder Lubossa, Libussa) und Přemysl (auch Primislas) ist der Mythos der Gründung Prags und der Herrschaftslegitimation der »Přemysliden«. Herzog Bořivoj (2. Hälfte des 9. Jahrhunderts) war der erste christliche Herrscher aus diesem Geschlecht, das bis 1306, als König Václav III. einem (ungeklärt gebliebenen) Mordanschlag zum Opfer fiel, in Böhmen regierte.

Der erste, der die Geschichte von »Lubossa« und »Primizl« als Anfangskapitel der böhmischen und dann der tschechischen Geschichtstradition festlegte, war ein gelehrter und weitgereister Prager Domdechant: Cosmas verfaßte seine (lateinisch geschriebene) *Chronica Boemorum* um

1120. Im 16. Jahrhundert war es die Chronik des Tschechen Hájek z Libočan (Peter Demetz nennt ihn einen »phantasievollen Meister poetischer Erfindung«), sie wurde 1541 gedruckt und mit Holzschnitten illustriert. Der Stoff verbreitete sich dadurch rasch, vor allem über die 1596 erschienene deutsche Übersetzung.

Folgenreich für die deutsche, die deutsch-böhmische und die tschechisch-böhmische Romantik war, daß schließlich Johann Karl August Musäus in seinen *Volksmärchen der Deutschen* (1782-86) ausführlich die Geschichte von Libussa, der jüngsten Tochter des auf dem Vyšehrad residierenden Fürsten Krok, und dem Bauern Primislas erzählte. Libussa, die über magische Kräfte verfügt, ist eine gute und geliebte Fürstin; da aber »das Volk nach einem Fürsten lüstet«, drängt man sie zur Heirat. Über die Wahl des geeigneten Gatten kommt es zu Streitereien; doch ein von Libussa ausgesandter reiterloser Schimmel findet von allein den Richtigen, den jungen Bauern Primislas nämlich, der nicht nur die Fürstin aus der Ferne längst liebt und ein schöner Mann ist, sondern der »für den Mangel einer glanzreichen Geburt durch ein billiges Äquivalent an barem Menschenverstande und Scharfsinn sei entschädiget worden«. Klug also ist er, mit einer kleinen Rechenprüfung setzt er sich mühelos vor den adeligen Prätendenten durch. Die Gründung Prags quasi als Nebenresidenz soll dann vom Vyšehrad aus erfolgt sein (historisch ist, wie wir wissen, das Gegenteil zutreffend). Geschuldet soll dies wiederum einer seherischen Verfügung Libussas sein: Zu der von ihr angegebenen Zeit finden Boten einen Mann, der gerade eine Türschwelle zimmert, einen *práh* – daher also (vermutlich aber doch eine märchenhafte Etymologie) »Praha« als Name der Neugründung.

Clemens Brentano kam mit dem Sujet in Berührung, als er sich ausgiebig um das seinem Bruder Johann gehörende Gut Bukovany (bei Příbram südlich von Prag) kümmern mußte. Daher verbrachte er auch einige Zeit in Prag, wo er u. a. mit Josef Dobrovský in Verbindung trat. Ins Frühjahr 1812 datierte Brentano den entscheidenden Augenblick für seine dichterische Inspiration:

»Die schöne Zeit führte mich auf die umschauenden Höhen und Türme der Stadt, ein dichter Morgennebel, dessen Schleier vor der steigenden Sonne zerriß und mir das herrlich getürmte Prag nach und nach in den Glanz des vollen Lichtes enthüllte, rief mir lebhaft die Vision Libussens vor die Seele, in der sie Prag vor ihren Seherblicken aus der Nacht der Wälder hervortreten, sich entwickeln und vollenden sieht; dazwischen das Geräusch des Volkes, das Geläut der Glocken, der Gesang der Prozessionen und das harmonische Getös kriegerischer Musik, alles dies erweckte von neuem den lebhaften Wunsch, ja den Beruf in mir, die Gründung der vor mir in freudigem Frühlingsscheine schimmernden Stadt in einem romantischen Drama zu feiern.«

Sein Drama *Die Gründung Prags* (1815) verliert sich in zahlreichen Motiv- und Handlungssträngen und in einzelnen poetischen Bildern; allein schon wegen seines exorbitanten Umfangs von weit über neuntausend Versen ist es zur Unspielbarkeit verurteilt. (Vorgelesen wurde freilich oft daraus.) Es schließt mit einer Vision Libussas:

LIBUSSA *(wird ernst, schaut in die Ferne hinaus, und steigt auf Krokus' Stuhl, und spricht, als sähe sie die Stadt vor ihren Augen entstehen).*
Die Berge treten ehrfurchtsvoll zurück,

Es öffnet sich des Tales sichrer Schoß,
Denn oben schwebt das wandelbare Glück,
Und wirft der Nachwelt rätselhaftes Los.
O Herrlichkeit! sie wächst vor meinem Blick,
Sie steigt, sie windet sich, wie wird sie groß!
Schon ruft sie, spiegelnd in der Moldau Welle:
Prag, Prag, heiß ich, bin deines Ruhmes Schwelle!

Ich hör das Beil, es lichtet durch den Wald,
Und feste Häuser steigen rings empor,
Sie reihen sich in wechselnder Gestalt,
Die Mauer schirmt, es wehret Turm und Tor,
Es engt der Raum, zur Höhe treibt Gewalt,
Schon ragt am Berg der Schlösser hohes Chor,
Sie jauchzen lichtstolz in der Sonnenhelle:
Prag, Prag, du unsres Glanzes Ehrenschwelle!

Schon fasset sie nicht mehr des Tales Bucht,
Schon wehret ihr nicht mehr des Flusses Macht,
Und wie der Bergstrom wachsend Ebne sucht,
Dringt jenseits sie; der Wälder tiefe Nacht,
Sie neigt sich ihr; der Fläche stolze Frucht,
Die weite Stadt, zum blauen Himmel lacht,
Und grüßt hinüber zu den Schlössern helle:
Prag, Prag liegt hier vor seines Thrones Schwelle!

Ja wie des Bergstroms Sohn, der blanke See,
Liegt sie gebreitet in der Sonne Glanz,
Und wie versteinte Wogen ringsum seh
Ich stolzer Schlösser, hoher Tempel Kranz.
Es braust das Volk, und rauscht in Wohl und Weh;
Es tost die Stadt in Lust und Waffentanz,

Und mancher singt auf des Geschickes Welle:
Prag, Prag, du meines Glückes reiche Schwelle!

Sieh! auf dem Schloß erglänzet eine Krone,
Und, wie ein Königsmantel weit, ergießt
Die goldne Stadt sich von des Berges Throne;
Um ihn, als ein gestirnter Gürtel, fließt
Die Moldau ernst, und Heil der Nachwelt Sohne!
Der mit der Brücke Demantschloß ihn schließt.

Durch Siegesbogen lobsingt laut die Welle:
Prag, Prag, du meines Heils umpalmte Schwelle!

O Trinitas, ich seh aus deiner Gruft
Zwei goldene Oliven sich erschwingen,
Im heilgen Garten würzen sie die Luft,
Durch alle Himmel muß ihr Duften dringen,
Gleich frommen Bienen um der Blüten Duft
Wird alles Volk in ihrem Schatten singen.
Es bricht die Nacht, o Duft, o Lichtes Helle!
Prag, Prag, du unsers Heils und Glaubens Schwelle!
(Sie sinkt Tetka und Kascha in die Arme)
PRIMISLAUS. Schmückt mir den Pflug, den mir Libussa gab,
Ich pflüg den Raum der neuen Stadt euch ab.
Erhebet euer Herz, und jauchzet helle:
Prag, Prag! du unsers Heils und Glaubens Schwelle!
ALLES VOLK.
Prag, Prag! du unsers Heils und Glaubens Schwelle!

Franz Grillparzer begann, auch unter dem Eindruck von
Brentanos Dichtung, mit seiner »Tragödie« *Libussa* gegen
1820. Er arbeitete über zwei Jahrzehnte hinweg immer wie-

der daran, teils inspiriert, teils verzweifelt, und verschloß letztendlich das fertige Stück in der Lade. Zwei Jahre nach Grillparzers Tod, 1874, wurde es in Wien aufgeführt, war aber wenig erfolgreich. Nach Prag war der Dichter erst im August 1826 gekommen, zu Beginn einer Reise nach Deutschland; er blieb nur zwei Tage, in seinem Tagebuch notiert er:

»Endlich erblickt man Prag, herrlich gelegen im Umkreis seiner Berge.

Ich kam mit einer Art Vorurteil gegen Prag hier an. Das wahrhaft läppische Mißverstehen meines *Ottokar*, die lächerliche Wut, in welche der beschränkte Nationalsinn der hiesigen Einwohnerschaft über dieses unschuldig gemeinte Stück geriet, hatte mich höchst ungünstig vorbereitet. Demungeachtet aber konnte ich mich des grandiosen Eindruckes nicht erwehren, den diese Stadt auf jeden Beschauenden machen muß. Die Lage im Kessel von schön bepflanzten Bergen, überall vorteilhafte Linien bildend, der breite Fluß mitten durch die Stadt, das Häusergewühl, durch sonderbare Türme und hervorragende Gebäude aller Art wohltuend unterbrochen und in Partien gesondert, der Hradschin das Ganze krönend, alles trägt dazu bei, diese Stadt recht gemäldehaft, zu einer der schönsten für den Beschauer zu machen. Es ist hier etwas, das an Venedig erinnert: das Fortlebende nämlich, das Altertümliche zwischen und neben dem Neuen Rathaus und die Türme an der Brücke rufen Florenz zurück, und im ganzen machte mir Prag wirklich einen ähnlichen Eindruck mit letztgenannter Stadt.

Der schönste Überblick ist vom sogenannten Lorenzberg: Ich war gegen Abend in dem dort oben gelegenen Gasthause, die Hasenburg genannt, und ich muß gestehen, daß ich mir etwas Reizenderes kaum denken kann als Prag von diesem Standpunkte. (...) Diese Stadt hat mich einigermaßen mit der böhmischen Nation ausgesöhnt, die ich nie habe leiden mögen. Eigentlich sollte man über kein Volk aburteilen, bevor man es in seiner Heimat gesehen.«

Anders als Grillparzers pessimistische Tragödie und auch Brentanos Epos endet Bedřich Smetanas *Libuše* – nicht als »Oper« bezeichnet, sondern als »Festliches Singspiel« – nicht mit dem Tod der Seherin. Die Titelheldin inszeniert im Finale, zusammen mit dem Gatten Přemysl und dem Volk, auf dem Vyšehrad, nach Beenden des vorangegangenen Streits, den höchsten Triumph: Sie verkündet die Vision der großen Momente kommender böhmisch-tschechischer Herrschaft. Fünf *tableaux vivants* erscheinen auf der Bühne, das letzte zeigt Jiří z Poděbrad, den letzten genuin böhmischen König. Die nachfolgenden Jahrhunderte der Fremdherrschaft, also vor allem die »dunkle« Epoche unter den Habsburgern, werden mit einer Andeutung rasch übergangen. Die Verheißung einer glorreichen Zukunft beschließt das Werk, in heroisch-martialischem, auf dem Motiv des hussitischen Kampfchorals basierenden musikalischen Pomp:

LIBUŠE: Und weiter? Das verhüllt dem Aug' ein Nebelschleier
Und vieles birgt er dem betrübten Blicke,
Düst're Geheimnisse – Verdammnis! –
Doch was sich auch begeben mag,
Das fühl' ich in der Seele tiefsten Tiefen:
mit Begeisterung und größter Innigkeit
Mein teures Böhmervolk wird niemals untergeh'n,
Der Hölle Schrecken wird es glorreich Sieger sein!

VI. Bild: *Die königliche Burg in magischer Beleuchtung*
ALLE: Der Böhmen Volk wird niemals untergeh'n,
  Der Hölle Schrecken wird es glorreich Sieger sein!
  Hoch! Hoch!
Vorhang

Die Verheißung kommender Glorie für die zu gründende
Burg, Stadt und Herrschaft, verkündet von einer propheti-
schen, über den gewöhnlichen Sterblichen stehenden Sehe-
rin – diese Szene steht nicht nur *in nuce* schon beim Dechan-
ten Cosmas (»urbem conspicio, fama quae sidera tanget« –
Ich sehe eine Stadt, deren Ruhm bis an die Sterne reicht):
Das Vorbild, literarisch wie in der politischen Intention,
ist am Beginn von Vergils *Aeneis* (I, Vs. 278 f.) zu suchen.
Da bestimmt Jupiter selbst in einer langen prophetischen
Rede an Venus die künftigen glorreichen Geschicke der
Römer. Deren Begründer Aeneas, der besiegte flüchtende
trojanische Held, wird vom göttlichen Willen nach Italien
geschickt (wenn auch auf allerlei Umwegen, sonst gäbe es
nicht soviel zu erzählen). »His«, den »Romani« nämlich,
»ego nec metas rerum nec tempora pono: / Imperium sine
fine dedi«, heißt es bei Vergil (Dem Volk setz ich nimmer
ein Ziel der Zeit noch der Ehren: / Ewige Herrschaft schenk
ich ihm) – und bei Smetana: »Můj drahý český národ neskoná« (wörtlich: Mein teures Volk der Böhmen – in Smetanas Sinn heißt das wohl schon: der Tschechen – ist ohne
Ende).
  Das Libretto zu *Libuše* verfaßte der deutsch-böhmische
Patriot Josef Wenzig 1866 – im Jahr also des preußischen
Sieges von Königgrätz! (und zwar auf deutsch, 1868 lag
dann dem Komponisten die tschechische Übersetzung vor).
Ursprünglich plante er sie als Festoper zur Krönung Franz

Vyšehrad, Friedhof

Josephs zum König von Böhmen; dazu kam es jedoch trotz zweimaligem feierlichen Versprechen des Kaisers nie. Die Tschechen haben ihm diese Brüskierung, diesen Bruch mit einer jahrhundertelang gültigen Norm zu Recht nie verziehen. Deswegen hielt Smetana das Werk bis zur Eröffnung des tschechischen Nationaltheaters (Národní divadlo) 1881 zurück. Bis heute ist Smetanas *Libuše* die staatsrepräsentative tschechische National-Oper (das volkstümliche Pendant ist *Die verkaufte Braut*); bei besonders feierlichen Anlässen erhebt sich das Publikum zum großen Visions-Finale.

Die wichtigste Grundlage für Wenzigs Libretto war die Verserzählung *Libušin soud* (Libussas Gericht) aus der sog. »Grünberger Handschrift« (Rukopis Zelenohorský). Die jedoch war, ebenso wie die »Königinhofer Handschrift« (Rukopis Královdorský), ein Falsifikat. Um 1815-17 wurde es von Václav Hanka und Josef Linda in einem fiktiven Alttschechisch auf altem Pergament angefertigt. Hanka, ein junger Poet, war dann 1819 durch seinen »Fund« berühmt geworden, wurde Leiter der literarischen Sammlung des Nationalmuseums und eine gefragte Autorität. »Hankas und Lindas Texte«, schreibt der tschechische Musik- und Kulturhistoriker Vladimir Karbusicky, »wollten anhand archaischer Schrift und ›alttschechischer‹ Sprache beweisen, daß *sie* die in den Anfängen der Geschichte vermißte Heldenepik seien, eine Epik, die angeblich erst im 13. und 14. Jahrhundert durch fremde – versteht sich: deutsche – Kultureinflüsse zu Grunde gegangen sei. (...) Die Tschechen wurden über Nacht zum Kulturvolk, die panslavistische Idee fand durch die Ähnlichkeit mit den serbischen Heldenepen eine kräftige Stütze.« Begreiflich, daß im heftig bewegten politisch-kulturellen Klima der Bildung des tschechischen Nationsbewußtseins, das im ganzen 19. Jahrhundert bis zum Ende des Habsburgerreichs herrschte, der Streit um die Echtheit der »Handschriften« lange kein Ende nahm. Und das, obwohl schon bald entsprechender Verdacht geäußert wurde (von Josef Dobrovský vor allem) und trotz immer stichhaltigeren Nachweisen der Fälschung. Noch Masaryk wurde nationale Nestbeschmutzung vorgeworfen, weil er auf historisch-wissenschaftlicher Wahrheit beharrte. Und noch während der sozialistischen Herrschaft wurden unvoreingenommene kritische Untersuchungen, wie diejenigen Karbusickys, unterdrückt.

Die »Königinhofer-Grünberger Handschrift« war in Böhmen zur kulturgeschichtlichen Realität geworden, ungeachtet der Fachdispute um ihre Echtheit. Die ebenfalls in ihr enthaltene Geschichte von Záboj und Slavoj hat Zdeněk Fibich zu einer Sinfonischen Dichtung angeregt (*Záboj, Slavoj a Luděk*). 1873-74 komponiert – also noch vor Smetanas *Má vlast* –, ist dies die erste Sinfonische Dichtung eines tschechischen Komponisten über ein tschechischnationales Sujet. Die Titelfigur von Fibichs Oper *Šárka* (1897) ist die Anführerin der rebellischen »Mädchen aus dem Rat Libušes«, die nach dem Tod der Fürstin die Frauenherrschaft wiederherstellen wollen. Přemysl aber und vor allem Ctirad widersetzen sich. So kommt es zu Kampf und Intrige, Liebesdrama und Tod.

Die Gestalt der Vlasta – Šárkas Waffengefährtin im rabiaten »Jungfrauenkrieg« – stellte der deutsch-böhmische Dichter Karl Egon Ebert bereits 1829 ins Zentrum eines Dramas (*Wlasta*), das in Prag sensationellen Erfolg hatte; im selben Jahr entstand sein »Dramatisches Gedicht« *Břetislaw und Jutta*, 1835 folgte die Tragödie *Cžestmir*. Auf

Ebert, Sohn eines Prager Hofrats, über dreißig Jahre lang als Bibliothekar und Archivar bei Fürstenberg tätig (in Prag, dazwischen auch ein paar Jahre in Donaueschingen), wurde Goethe zuerst durch den Komponisten Václav Jan Tomášek aufmerksam gemacht, den Schwager des jungen Dichters. 1829 las Goethe *Wlasta*. Eckermann notierte: »Montag, den 6. April 1829. Goethe gab mir einen Brief von Egon Ebert, den ich bei Tische las und der mir Freude machte. Wir sprachen viel Löbliches von Egon Ebert und Böhmen. (...) ›Das Böhmen ist ein eigenes Land‹, sagte Goethe, ›ich bin dort immer gerne gewesen. Die Bildung der Literatoren hat noch etwas Reines, welches im nördlichen Deutschland schon anfängt, selten zu werden, indem hier jeder Lump schreibt, bei dem an ein sittliches Fundament und eine höhere Absicht nicht zu denken ist.‹ Goethe sprach sodann von Egon Eberts neuestem epischen Gedicht, desgleichen von der früheren Weiberherrschaft in Böhmen und woher die Sage von den Amazonen entstanden.« Ebert sei, so ein paar Tage später, »wirklich ein recht erfreuliches Talent«.

Goethe war ja an allem »Böhmischen« stets lebhaft interessiert und unterhielt Beziehungen zu den Prager Gelehrten, dem Naturforscher Kaspar Maria Graf Sternberg vor allem. (Prag jedoch hatte er, obschon im Laufe seines Lebens siebzehnmal in Böhmen, nie besucht.) Schon 1817 erhielt er Kenntnis von der »Königinhofer Handschrift«, und 1822 bekam er die deutsche Übersetzung in die Hand. (Sie stammte, wie Johannes Urzidil kommentiert, »von Hankas Freund, Professor Wenzel Alois Swoboda, der unter anderem auch Schillers Gedichte übersetzt hatte. Swoboda wußte, daß es sich um Fälschungen handle, verriet dies aber selbstverständlich nicht.« Sternberg, Goethe, selbst

Vyšehrad, Friedhof: Grab Antonín Dvořáks

der Historiker Palacký und »viele andere bedeutende Männer hielten die Dichtungen für echt.«) Goethe nahm sich eins der Gedichte vor, *Das Sträusschen*, und formte es behutsam um, und so ist es dann von Karl Friedrich Zelter vertont worden. »Das *Sträußchen*, welches ich mit kritischer Kühnheit in seine sechszeilige Strophengestalt wieder herzustellen gewagt habe, ohne behaupten zu wollen, daß es dadurch besser geworden«, kommentiert Goethe seine Fassung, als er sie an Sternberg schickt.

Im Zuge der Umgestaltung des Vyšehrad von der Festung zum nationalen Geschichtsdenkmal, ab 1866, wurde der ehemalige Pfarrfriedhof des Vyšehrader Kapitels nach und nach in eine nationale Begräbnisstätte umgewandelt. Zahlreiche tschechische Künstler und Gelehrte haben in diesem Freiluft-Pantheon der tschechischen Kulturgeschichte ihre letzte Ruhe gefunden; viele Grabmäler stammen von den bedeutenden tschechischen Bildhauern der Zeit. Der Besucher wird dankbar anerkennen, wie staunenswert doch selbst in der kurzen Zeitspanne eines Jahrhunderts der Beitrag dieser kleinen tschechischen Nation zur europäischen Kultur gewesen ist. (Die vielen anderen bedeutenden Toten, die an anderen Orten ruhen, müssen in Gedanken noch dazugezählt werden.) Um nur eine Auswahl an Namen zu nennen – aus der Literatur: Jaroslav Vrchlický und Julius Zeyer, Jan Neruda und Božena Němcová, Karel Čapek und Josef Hora, Karel Hynek Mácha (dessen Gebeine aus Leitmeritz/Litoměřice, wo er einer Seuche erlegen war, 1938 vor den Deutschen in Sicherheit gebracht wurden), Svatopluk Čech und Vítězslav Nezval; aus den bildenden Künsten: die Maler Mikoláš Aleš und Vojtěch Hynais, Alfons Mucha, Max Švabinský und die Bildhauer Bohumil Kafka, Josef Václav Myslbek und Ladislav Šaloun;

aus der Musik die Primadonna Ema Destinová, die Geiger Josef Slavík und Jan Kubelík, die Komponisten Antonín Dvořák, Zdeněk Fibich und Bedřich Smetana. Auch Václav Hanka ist hier begraben, der romantische Literatur-erfinder – der Vyšehrad-Mythos hat ihm schließlich viel zu verdanken.

Mit *Vyšehrad*, der musikalischen Beschwörung des my-thischen Gründungsortes der böhmisch-tschechischen Na-tion, beginnt *Má vlast* (Mein Heimatland), Smetanas Zyklus von sechs Sinfonischen Dichtungen, komponiert zwischen 1874 und 1879; und er endet (*Blaník*) mit einem – die Mu-sik sagt es überdeutlich – kämpferisch prononcierten Auf-ruf zum Handeln in einer Zukunft, die als nicht allzu ferne imaginiert wird: Die hussitischen Rebellen hätten sich, er-läutert Smetana in der Programmnotiz, in den Berg Bla-ník – eine Art tschechischer Kyffhäuser also – zurückge-zogen, »wo sie in tiefem Schlaf des Augenblicks harren, da von der bedrohten Heimat an sie der Ruf ergehen wird, zu deren Verteidigung wieder zu den Waffen zu greifen«.

Serviceteil

Kulturinformationen allgemein

Tschechisches Zentrum Berlin, Friedrichstr. 206, 10969 Berlin; Tel. (030) 208 2592; ⟨www.czechcentres.cz/berlin⟩

Tschechisches Zentrum München, Prinzregentenstr. 7, 80538 München; Tel. (089) 210 249 32; ⟨www. czechcentres.cz/munich⟩

Goethe-Institut Prag, Masarykovo nábřeží 32; Tel. 221 962 111; ⟨www.goethe.de/prag⟩

Österreichisches Kulturforum Prag, Jungmannovo náměstí 18; Tel. 224 234 875; ⟨www.bmeia.gv.at/pragkf⟩

Museen (Auswahl)

Národní muzeum (Nationalmuseum), Václavské náměstí 68; ⟨www. nm.cz⟩

Muzeum hlavního města Prahy (Museum der Stadt Prag), Sady Jana Švermy, Prag-Karlín; ⟨www.muzeumprahy.cz⟩

Národní galerie – Veletržní palac, Dukelských hrdinů 45, Prag-Holešovice; ⟨www.ngprague.cz⟩

Národní galerie – Kinský-Palais, Týnská 3, Altstädter Ring; ⟨www. ngprague.cz⟩

Klášter sv. Anežky České – Národní galerie (Agneskloster), Anéžka ulice; ⟨www.ngprague.cz⟩

Dům u Černé Matky Boží – Muzeum českého kubismu (Haus Zur Schwarzen Muttergottes – Museum des tschechischen Kubismus), Celetná 34; ⟨www.ngprague.cz⟩

Museum Kampa, U Sovocých mlnů 2, Halbinsel Kampa; ⟨www.museumkampa.cz⟩

Umělecko-průmyslové muzeum (Kunstgewerbemuseum); 17. listopadu 2, Nähe Rudolfinum; ⟨www.upm.cz⟩

Jüdisches Museum (insgesamt 6 Synagogen, Alter Jüdischer Friedhof, Rathaus), Jáchymova 3; ⟨www. jewishmuseum.cz⟩

Villa Bertramka (Mozart-Museum), Mozartova 2, Prag-Smíchov; ⟨www.mozartovabec.cz⟩

Theater (Auswahl)

Národní divadlo (Nationaltheater), Národní třída 2; ⟨www.narodni-divadlo.cz⟩

Stavovské divadlo (Ständetheater), Železná 11; ⟨www.narodni-divadlo.cz⟩

Statní opera Praha (Staatsoper), Wilsonova 8; ⟨www.opera.cz⟩

Divadlo na Vinohradech (Theater in den Weinbergen), nám. míru 7, Prag-Vinohrady; ⟨wwv.dnv-praha.cz⟩

Divadlo Na zábradlí (Theater am Geländer), Anenské námesti 5; ⟨www.nazabradli.cz⟩

Literatur

Franz-Kafka–Gesellschaft, Siroká 14; ⟨www.franzkafka-soc.cz⟩

Kafka-Museum, Cihelná 2b; ⟨www.kafkamuseum.cz⟩

Prager Literaturhaus deutschsprachiger Autoren/Pražský Literární Dům autorů německého jazyka, Ječná 11; ⟨www.prager-literatur haus.com⟩

Letohrádek Hvězda (Schloß Stern), Museum für Mikoláš Aleš und Alois Jirásek, Prag-Bílá hora; ⟨www.pamatniknarodnihopisemnectvi.cz⟩

Hinweise auf Irrtümer und Fehler in Text, Literaturverzeichnis und Serviceteil nehmen Autor und Verlag dankend entgegen.

Literaturverzeichnis

Die folgende Liste führt alle Werke auf, aus denen zitiert wurde, sowie einige neuere, allgemein interessierende. Diejenigen Werke, denen ich Zitate entnommen habe, sind hier in der jeweiligen benutzten Ausgabe aufgeführt.

Abels, Norbert, Franz Werfel. Mit Selbstzeugnissen und Bilddokumenten. Rowohlt Verlag GmbH, Reinbek bei Hamburg 1990.

Begley, Louis, Die ungeheure Welt, die ich im Kopfe habe. Über Franz Kafka. Deutsche Verlags-Anstalt, München 2008.

Binder, Hartmut, Kafka. Ein Leben in Prag. Mahnert-Lueg Verlag, Essen und München 1993.

Binder, Hartmut, Prag. Literarische Spaziergänge durch die Goldene Stadt. Klett-Cotta, Stuttgart 1997.

Binder, Hartmut, Prager Profile. Vergessene Autoren im Schatten Kafkas. Gebrüder Mann Verlag, Berlin 1991.

Brandl, Bruno (Hrsg.), Liebe zu Böhmen. Ein Land im Spiegel deutschsprachiger Dichtung. Verlag der Nationen, Berlin 1990.

Brentano, Clemens, Werke. 4 Bände. Carl Hanser Verlag, München 1966.

Brod, Max, Franz Kafka. Eine Biographie. S. Fischer Verlag GmbH, Frankfurt am Main 1954.

Brod, Max, Streitbares Leben 1884-1968. Herbig Verlag, München 1969.

Brod, Max, Der Prager Kreis. Kohlhammer Verlag, Stuttgart 1966.

Burgerstein, Jiří, Tschechien. C. H. Beck, München 1998.

Chvatík, Květoslav (Hrsg.), Die Prager Moderne. Erzählungen, Gedichte, Manifeste. Suhrkamp Verlag Frankfurt am Main 1991.

Claudel, Paul, Das Prager Jesuskind. Aus: Gesammelte Werke. F. H. Kerle Verlag, Heidelberg 1963.

Čapek, Karel, Gespräche mit Masaryk. Verlag W. Sachon, Mindelheim 1990.

Čech, Svatopluk, Ein wahrhaftiger Ausflug des Herrn Brouček auf den Mond. Aus: Tschechische Erzähler des 19. und 20. Jahrhunderts. Herausgegeben und übersetzt von Peter Sacher. © 1990 by Manesse Verlag, Zürich, in der Verlagsgruppe Random House GmbH, München.

Čech, Svatopluk, Lieder eines Sklaven XVII. Aus: Kundera, Ludvík (Hrsg.), Die Sonnenuhr. Tschechische Lyrik aus 11 Jahrhunderten. Reclam Verlag, Leipzig 1993. Übersetzt von Brigitte Struzyk. Abdruck mit freundlicher Genehmigung von Brigitte Struzyk.

Demetz, Peter, Alt-Prager Geschichten. Insel Verlag Frankfurt am Main 1982.

Demetz, Peter, Prag in Schwarz und Gold. Sieben Momente im Leben einer europäischen Stadt. Piper Verlag, München 1998.

Demetz, Peter, Mein Prag. Erinnerungen 1939 bis 1945. Paul Zsolnay Verlag, Wien 2007.

Dömling, Wolfgang, Spaziergänge durch das musikalische Prag. Arche Verlag, Zürich und Hamburg 1999.

Eckermann, Johann Peter, Gespräche mit Goethe in den letzten Jahren seines Lebens. Hesse & Becker, Leipzig [1913].

Eisner, Paul (Hrsg.), Tschechische Anthologie. Vrchlicky – Sova – Brezina. Übertragen von Paul Eisner. Insel Verlag Leipzig 1917.

Fuchs, Rudolf, Die Prager Aposteluhr. Gedichte, Prosa, Briefe. Herausgegeben von Ilse Seehase. Mitteldeutscher Verlag, Halle und Leipzig 1985.

Glotz, Peter, Die Vertreibung. Böhmen als Lehrstück. Ullstein Verlag, München 2003.

Grillparzer, Franz, Tagebücher und Reiseberichte. Herausgegeben von Klaus Geißler. Verlag der Nation, Berlin 1980.

Haas, Willy, Die literarische Welt. Erinnerungen. List Verlag, München 1960.

Havel, Václav, Fernverhör. Ein Gespräch mit Karel Hvížďala. Deutsche Übersetzung Joachim Bruss. Copyright © 1987 by Rowohlt Verlag GmbH, Reinbek bei Hamburg.

Hoffmann, Werner, Clemens Brentano. Leben und Werk. Francke, Bern und München 1966.

Holthusen, Hans Egon, Rainer Maria Rilke in Selbstzeugnissen und Bilddokumenten. © 1958 by Rowohlt Taschenbuch Verlag GmbH, Reinbek bei Hamburg.

Jähn, Karl-Heinz (Hrsg.), Das Prager Kaffeehaus. Literarische Tischgesellschaften. Volk und Welt, Berlin 1990.

Janouch, Gustav, Gespräche mit Kafka. Aufzeichnungen und Erinnerungen. © S. Fischer Verlag GmbH, Frankfurt am Main 1968.

Janouch, Gustav, Jaroslav Hašek. Der Vater des braven Soldaten Schwejk. Francke, Bern und München 1966.

Jungheinrich, Hans-Klaus, Hudba. Annäherungen an die tschechische Musik. Bärenreiter, Kassel u. a. 2007.

Kafka, Franz, Briefe 1902-1924. In: Gesammelte Werke. Herausgegeben von Max Brod. S. Fischer Verlag, Frankfurt am Main 1953-1980.

Kafka, Franz, Briefe 1900-1912. In: Schriften, Tagebücher, Briefe. Kritische Ausgabe. Band 1. S. Fischer Verlag, Frankfurt am Main 1999.

Kafka, Franz, Briefe 1914-1917. In: Schriften, Tagebücher, Briefe. Kritische Ausgabe. Band 3. S. Fischer Verlag, Frankfurt am Main 2005.

Kafka, Franz, Drucke zu Lebzeiten. In: Schriften, Tagebücher, Briefe. Kritische Ausgabe. S. Fischer Verlag, Frankfurt am Main 1996.

Kafka, Franz, Der Prozeß. In: Schriften, Tagebücher, Briefe. Kritische Ausgabe. S. Fischer Verlag, Frankfurt am Main 1990.

Kafka, Franz, Nachgelassene Schriften und Fragmente I und II. In: Schriften, Tagebücher, Briefe. Kritische Ausgabe. S. Fischer Verlag, Frankfurt am Main 1992 und 1993.

Karbusicky, Vladimir, Anfänge der historischen Überlieferung in Böhmen. Böhlau, Wien, Köln und Weimar 1980.

Kisch, Egon Erwin, Marktplatz der Sensationen. Aus: Egon Erwin Kisch. Marktplatz der Sensationen. Entdeckungen in Mexiko. Gesammelte Werke in Einzelausgaben, Band 8. © Aufbau Verlag GmbH & Co. KG, Berlin 1993 (dieser Band erschien 1993 im Aufbau-Verlag; Aufbau ist eine Marke der Aufbau Verlag GmbH & Co. KG).

Kisch, Egon Erwin, Der rasende Reporter. Aus: Egon Erwin Kisch. Der rasende Reporter. Gesammelte Werke in Einzelausgaben, Band 6. © Aufbau Verlag GmbH & Co. KG, Berlin 1995 (diese Ausgabe erschien 1995 im Aufbau-Verlag; Aufbau ist eine Marke der Aufbau Verlag GmbH & Co. KG).

Kundera, Ludvík (Hrsg.), Die Sonnenuhr. Tschechische Lyrik aus 11 Jahrhunderten. Reclam Verlag, Leipzig 1993.

Kundera, Milan, Verratene Vermächtnisse. Carl Hanser Verlag, München 1994.

Leppin, Paul, Herbsttag im Prager Seminargarten. Aus: Prager Rhapsodie. © Vitalis GmbH, Prag und Fürth 2003.

Liliencron, Detlev von, Werke. 2 Bände. Insel Verlag Frankfurt am
    Main 1977.

Liliencron, Detlev von, Gesammelte Werke. 15 Bände. Schuster &
    Loeffler, Berlin 1911.

Meyrink, Gustav, Walpurgisnacht. Volksbuchverlag, Wien 1968.

Mühlberger, Josef, Geschichte der deutschen Literatur in Böhmen
    1900-1939. Langen Müller, München und Wien 1981.

Musäus, Johann Karl August, Volksmärchen der Deutschen. Vollstän-
    dige Ausgabe. Nach dem Text der Erstausgabe von 1782-1786. Mit
    einem Nachwort und Anmerkungen von Norbert Miller. Winkler,
    München 1976.

Neruda, Jan, Geschichten aus dem alten Prag. Philipp Reclam jun.
    Verlag, Stuttgart 1992.

Neruda, Jan, Wie sich Herr Vorel seine Meerschaumpfeife angeraucht
    hat. Aus: Kleinseitner Geschichten. © Vitalis GmbH, Prag 1996.

Neruda, Pablo, Ich bekenne, ich habe gelebt. Memoiren. © 1989 Luch-
    terhand Verlag, München in der Random House GmbH.

Pithart, Petr, Petr Prihoda und Milan Otahal, Wo ist unsere Heimat?
    Geschichte und Schicksal in den Ländern der böhmischen Krone.
    LangenMüller in der F. A. Herbig Verlagsbuchhandlung, München
    2003.

Prinz, Friedrich (Hrsg.), Deutsche Geschichte im Osten Europas. Böh-
    men und Mähren. Siedler Verlag, Berlin 1995.

Richter, Ludwig (Hrsg.), Das Abenteuer der alten Dame. Tschechische
    Erzählungen 1918-1945. Philipp Reclam jun. Verlag, Leipzig 1982.

Rilke, Rainer Maria, Zwei Prager Geschichten. Und »Ein Prager Künst-
    ler«. Insel Verlag Frankfurt am Main und Leipzig 1997.

Rilke, Rainer Maria, Sämtliche Werke in sechs Bänden. Insel Verlag
    Wiesbaden 1955.

Rokyta, Hugo, Die Böhmischen Länder – Prag. Handbuch der Denk-
    mäler und Gedenkstätten europäischer Kulturbeziehungen in den
    Böhmischen Ländern. Vitalis, Prag 1997.

Rybár, Ctibor, Das jüdische Prag. Glossen zur Geschichte und Kultur.
    Führer durch die Denkwürdigkeiten. Aus dem Tschechischen von
    Helena Krausova. TV Spektrum/Akropolis Verlag, Prag 1991.

Sacher, Peter (Hrsg.), Prag erzählt. S. Fischer Verlag GmbH, Frankfurt
    am Main 1994.

Schamschula, Werner, Geschichte der tschechischen Literatur. 3 Bände. Böhlau, Wien, Köln und Weimar 1990-2004.

Sealsfield, Charles/Karl Postl, Austria as it is: or sketches of continental courts, by an eye-witness. London 1828. Österreich, wie es ist. Oder Skizzen von Fürstenhöfen des Kontinents. Wien 1919. Eine kommentierte Textedition. Herausgegeben von Primus-Heinz Kucher. Böhlau, Wien, Köln und Weimar 1997.

Seibt, Ferdinand, Deutschland und die Tschechen. Geschichte einer Nachbarschaft in der Mitte Europas. Piper Verlag, München 1993.

Seifert, Jaroslav, Alle Schönheiten der Welt. Geschichten und Erinnerungen. Aus dem Tschechischen übersetzt von Eckhard Thiele. Aufbau-Verlag, Berlin und Weimar 1987. Abdruck mit freundlicher Genehmigung von Eckhard Thiele.

Serke, Jürgen, Böhmische Dörfer. Wanderungen durch eine verlassene literarische Landschaft. Paul Zsolnay Verlag, Wien und Hamburg 1987.

Stölzl, Christoph, Kafkas böses Böhmen. Zur Sozialgeschichte eines Prager Juden. Edition Text + Kritik, München 1975.

Sudhoff, Dieter und Michael M. Schardt, Prager deutsche Erzählungen. Philipp Reclam jun. Verlag, Stuttgart 1992.

Šourek, Otakar (Hrsg.), Antonín Dvořák in Briefen und Erinnerungen. Artia, Prag 1954.

Thiele, Eckhard, Karel Čapek. Philipp Reclam jun. Verlag, Leipzig 1988.

Tschechische Erzähler des 19. und 20. Jahrhunderts. Herausgegeben und übersetzt von Peter Sacher. © 1990 by Manesse Verlag, Zürich, in der Verlagsgruppe Random House GmbH, München.

Urzidil, Johannes, Da geht Kafka. © 2004 by LangenMüller in der F. A. Herbig Verlagsbuchhandlung GmbH, München.

Urzidil, Johannes, Goethe in Böhmen. Artemis Verlag, Zürich und Stuttgart 1962.

Urzidil, Johannes, Prager Triptychon. Erzählungen. Deutscher Taschenbuch Verlag, München 1963.

Votýpka, Vladimír, Böhmischer Adel. Familiengeschichten. Böhlau, Wien, Köln und Weimar 2007.

Wagenbach, Klaus, Franz Kafka. Bilder aus seinem Leben. Verlag Klaus Wagenbach, Berlin 2008.

Weil, Jiří, Leben mit dem Stern. Deutsche Verlags-Anstalt, München und Stuttgart 2002.

Weiskopf, Franz Carl, Das Slawenlied. Roman aus den letzten Tagen Österreichs und den ersten Jahren der Tschechoslowakei. © Aufbau Verlag GmbH & Co. KG, Berlin 1951 (diese Ausgabe erschien 1951 im Gustav Kiepenheuer Verlag; Gustav Kiepenheuer ist eine Marke der Aufbau Verlag GmbH & Co. KG).

Werfel, Franz, Das lyrische Werk. Herausgegeben von Adolf D. Klarmann. S. Fischer GmbH, Frankfurt am Main 1967.

Werfel, Franz, Der veruntreute Himmel. Die Geschichte einer Magd. © S. Fischer Verlag GmbH, Frankfurt am Main 1952.

Bildnachweis

Literarische Reisebegleiter
im insel taschenbuch
Eine Auswahl

Städte

Barcelona. Ein Reisebegleiter. Von Michi Strausfeld. Mit farbigen Fotografien. it 3251. 283 Seiten

Bayreuth. Ein literarisches Porträt. Herausgegeben von Frank Piontek und Joachim Schultz. Mit zahlreichen Abbildungen. it 1830. 208 Seiten

Mit Brecht durch Berlin. Ein literarischer Reiseführer. Von Michael Bienert. Mit zahlreichen Fotografien. it 2169. 271 Seiten

Literarischer Führer Berlin. Von Fred Oberhauser und Nicole Henneberg. Mit zahlreichen Abbildungen, Karten und Registern. it 2177. 517 Seiten

Bremen. Literarische Spaziergänge. Von Johann-Günther König. Mit farbigen Fotografien. it 2621. 272 Seiten

Buenos Aires. Ein Reisebegleiter. Von Sieglinde Oehrlein. Mit farbigen Fotografien. it 3215. 239 Seiten

Cambridge. Eine Kulturgeschichte. Von Peter Sager. it 3335. 331 Seiten

Chicago. Porträt einer Stadt. Herausgegeben von Johann Norbert Schmidt und Hans Peter Rodenberg. Mit farbigen Fotografien. it 3032. 330 Seiten

Dublin. Ein Reisebegleiter. Von Hans-Christian Oeser. Mit farbigen Fotografien. it 3114. 220 Seiten

NF 31/4/4.10

Landschaften • Länder • Kontinente

Italien

Gardasee. Wo der Süden beginnt. Von Franziska Wolffheim. it 3194. 118 Seiten

Große historische Straßen. Von der Via Appia bis zur Avus. Von Dietmar Grieser. Eine kunsthistorische Spurensuche. Mit Fotografien. it 1974. 130 Seiten

Wilhelm Heinse. Tagebuch einer Reise nach Italien. Mit einem biographischen Essay von Almut Hüfler. Herausgegeben von Christoph Schwandt. Mit zahlreichen Abbildungen. it 2869. 260 Seiten

Hermann Hesse. Bilder aus der Toskana. Von Florenz bis Siena. it 3482. 148 Seiten

Im Rosengarten. Eine literarische Spurensuche in Südtirol. Von Dietmar Grieser. Mit Abbildungen. it 2509. 245 Seiten

Italia! Unterwegs zu den verborgenen Schönheiten Italiens. Von Alice Vollenweider. it 3192. 146 Seiten

Harald Keller. Die Kunstlandschaften Italiens. Mit Abbildungen. it 1576. 1110 Seiten

Literarischer Führer durch Italien. Ein Insel-Reise-Lexikon. Von Doris und Arnold E. Maurer. Mit Abbildungen, Karten und Registern. it 1071. 551 Seiten

Thomas Mann in Venedig. Eine Spurensuche. Von Reinhard Pabst. Mit zahlreichen Abbildungen. it 3097. 250 Seiten